POUR UNE UNION OCCIDENTALE
ENTRE L'EUROPE ET LES ETATS-UNIS

DU MÊME AUTEUR

L'Arbre de mai (Atelier Marcel Jullian, 1979).
Je crois en l'homme plus qu'en l'Etat (Flammarion, 1987).
Passion et Longueur de temps (Fayard, 1989).
Douze lettres aux Français trop tranquilles (Fayard, 1990).
Des modes et des convictions (Fayard, 1992).
Dictionnaire de la réforme (Fayard, 1992).
Deux ans à Matignon (Plon, 1995).
Caractère de la France (Plon, 1997).
L'Avenir de la différence (Plon, 1999).
Renaissance de la droite (Plon, 2000).
Les Aventuriers de l'Histoire (Plon, 2001).
Jeanne d'Arc et la France, le mythe du sauveur (Fayard, 2003).
La Fin de l'illusion jacobine (Fayard, 2004).
Machiavel en démocratie (Fayard, 2006).
L'Europe autrement (Fayard, 2006).
Laissons de Gaulle en paix ! (Fayard, 2006).

Edouard Balladur

Pour une Union occidentale entre l'Europe et les Etats-Unis

Fayard

ISBN : 978-2-213-63421-0

Lutter contre le choc
des civilisations

A-t-on encore le droit de parler de l'Occident ? Est-ce souffler sur le feu, attiser les haines, déchaîner la violence entre les peuples aux cultures et aux religions différentes ? On voudrait le faire croire. Rien n'est plus faux. Y a-t-il plus important que réfléchir sur soi-même, savoir ce à quoi l'on tient le plus, qui l'on est, afin de nouer avec autrui des relations fondées sur les réalités, la vérité, non sur des idées toutes faites ? Se définir n'est pas détester qui est différent.

L'Occident est une civilisation née à la fois de la pensée antique et de la foi chrétienne, marquée par la séparation progressive entre la religion et le pouvoir politique, plus tard par l'avènement de la démocratie et de l'état de droit ; ce qui le caractérise, c'est la conviction que chaque homme est égal à tout autre, le respect de sa liberté, le culte de son indépendance, la méfiance envers une collectivité trop contraignante, trop impérieuse, soupçonnée de vouloir imposer sa domination par tous les moyens. Il a longtemps représenté aux yeux du reste du monde l'humanisme et la liberté. C'est avec ce visage qu'il a émergé de l'Histoire.

Ainsi défini, l'Occident comprend essentiellement l'Europe et l'Amérique du Nord – Etats-Unis et Canada. Cependant, il a toujours eu l'ambition d'étendre au-delà de cet espace géographique son message de civilisation et, convaincu de sa valeur sans pareille, de le donner en exemple aux autres peuples.

Les grandes découvertes, la révolution intellectuelle, scientifique, industrielle, la conquête d'empires coloniaux : durant des siècles, l'Occident a dominé le monde. En supprimant les barrières, en développant les échanges, en faisant communiquer les continents, l'Europe occidentale, puis les Etats-

Unis, rivaux ou associés, ont étendu leur emprise, se sont posés en modèles, auteurs de la règle internationale, maîtres de sa sanction.

Aujourd'hui, l'Occident est à la fois divisé et concurrencé : il se montre incapable de s'organiser afin d'affronter l'épreuve, tandis que sa puissance et son influence sont battues en brèche dans tous les domaines. L'Histoire commence à se faire sans lui, peut-être un jour se fera-t-elle contre lui. Un seul moyen de l'éviter : que les Occidentaux prennent conscience du risque, qu'ils se convainquent que l'affirmation d'une plus grande solidarité entre eux est la seule façon d'y parer. Ils n'y auraient guère de mérite, tant leur interdépendance éclate aux yeux de qui accepte de voir les choses telles qu'elles sont ; encore faut-il qu'ils en tirent les conséquences, dans la politique mise en œuvre de part et d'autre de l'Atlantique, en renforçant leurs liens, en s'associant pour une action commune dans le monde.

*

*   *

La réalité est simple pour qui veut la regarder en face : dans un monde où explosent les conflits ethniques et religieux, les menaces de l'islamisme radical, du terrorisme, de la délinquance internationale, l'émiettement de leurs forces entre des Etats auxquels l'évolution naturelle retire peu à peu une part de leur influence est néfaste. L'émergence des pays d'Asie, d'Amérique latine, voire d'Afrique, privera chaque jour davantage l'Occident de sa suprématie. Il doit s'organiser pour défendre ses principes, ses convictions, sa civilisation ; c'est un devoir politique et moral. Les Etats-Unis ne peuvent prétendre décider seuls de tout, leur échec dans la désastreuse guerre qu'ils ont entreprise en Irak en témoigne. Ils ont besoin d'un allié fort. Cet allié ne peut être que l'Union européenne, sur le sol de laquelle est né le monde moderne. Faute de quoi, l'Occident aura le plus grand mal à prendre conscience de ce qui l'unit et à en assurer la survie.

Sans la France, l'Europe n'atteindra pas la position et le statut d'acteur politique sur la scène du monde ; c'est de sa volonté que dépend l'avenir de l'Union européenne. A cette œuvre de compréhension et de concorde, elle doit apporter sa contribution. Deux tendances s'y font jour :

Les uns sont tentés par le pessimisme, qualifié de déclinisme : la France décrocherait sur le plan économique, elle nourrirait un attachement excessif au *statu quo*, aux droits acquis de chaque catégorie sociale, elle ne serait plus en mesure de peser sur le cours des événements, ne maîtriserait plus son destin ; puissance moyenne, elle reculerait devant l'obligation de se réformer pour survivre, elle alimenterait des fantasmes puisés dans un passé glorieux, nourris d'une nostalgie stérile.

Les autres, la tendance romantique, cultivent, au nom de la volonté de la France magnifiée au risque de sa solitude face au reste du monde, un style lyrique, sinon emphatique, une ambition disproportionnée à ses moyens, un antiaméricanisme systématique et irréfléchi dans lequel ils voient la marque du patriotisme et de l'indépendance, une autosatisfaction teintée d'arrogance, un aveuglement devant les réalités.

Pas plus l'une que l'autre, ces attitudes ne sont justifiées. La France doit réagir, ne pas se laisser aller au pessimisme ni cultiver la forfanterie. Elle détient l'une des clés du monde de demain. Malgré les doutes qui la saisissent, aux yeux des autres peuples elle compte encore ; à elle de raisonner froidement, de bannir l'esprit étroitement cocardier, de s'appuyer sur les faits tels qu'ils sont. Elle peut prendre l'initiative de proposer une alliance nouvelle entre l'Europe et l'Amérique, et même davantage : une union véritable.

Pour notre pays, tel est le défi à relever dans les prochaines décennies.

*

* *

Encore faut-il que nous nous défassions de nos illusions, entretenues à grands frais, que nous fassions preuve de réalisme en nous évadant des débats vagues, fertiles en grandes questions sans réponse, en pompeuses affirmations dénuées d'effet. L'ambition véritable fait mauvais ménage avec les chimères. Si nous voulons que survive notre civilisation, nous devons affronter des périls que nous connaissons bien.

A travers les continents, les barrières s'abaissent, les frontières sont traversées, les hommes vont et viennent partout, ils sont informés de tout, tout se sait, se répète, presque tout se voit. Le monde s'uniformise, mais il devient de plus en plus dangereux, victime de la prolifération nucléaire, des troubles climatiques, des déséquilibres démographiques, des concurrences commerciales, des inégalités dans la répartition de la richesse et du savoir. Les passions sont toujours là, ardentes, nourries des rivalités de l'Histoire, du conflit des intérêts d'aujourd'hui.

A cette violence qui couve ici ou là et que la moindre étincelle suffit à embraser, quel remède ? La création d'une véritable communauté internationale, capable d'édicter des règles et de les faire respecter par tous, se heurte à la souveraineté des Etats ; justement, quelques-uns prônent le retour à la plénitude des pouvoirs exercés par les Etats-nations, seuls à disposer d'une existence véritable et de la légitimité, négligeant ainsi la régression et le désordre qui en résulteraient. On évoque aussi le multilatéralisme qui permettrait un heureux équilibre entre les différents pôles de la puissance, constitués par les Etats-Unis, l'Europe, la Russie, la Chine, l'Inde, le Brésil ; qui ne voit que pareil équilibre ne pourrait résulter que d'une bonne volonté réciproque dont on peine à constater l'existence ? Les Etats-Unis, longtemps tellement dominants, sont confrontés à des pays-continents qui apparaissent ou réapparaissent sur la scène du monde et qui sont d'autant moins portés aux concessions qu'ils deviennent plus forts. Quant à l'Union européenne, elle a fait depuis un demi-siècle la démonstration de sa capacité à créer le progrès économique, et même à diffuser la démocratie à l'Est, mais aussi de son incapacité politique à susciter chez ses partenaires un peu de crainte, donc de respect.

Aujourd'hui, le monde semble échapper aux Occidentaux : leur force matérielle demeure encore sans égale, mais leur force morale et leur confiance en eux-mêmes ne cessent de s'affaiblir. Ils ne sont pas en mesure de répondre clairement aux questions qui se posent à eux : doivent-ils chercher à maintenir coûte que coûte la forme ancienne de domination ? Est-ce encore possible ? Est-ce même souhaitable ? On en voit bien le résultat. Doivent-ils, au contraire, prendre acte du fait que l'Occident ne s'impose plus comme la seule puissance dominante dans un monde plus équilibré où sa seule volonté ne fait plus la loi ? Ce serait plus réaliste, plus raisonnable. Mais, s'ils acceptent cette réalité, ils ne doivent abandonner ni leurs principes, ni la sauvegarde de leurs intérêts à long terme.

*

*   *

Il est grand temps pour l'Europe et l'Amérique de prendre conscience de tout ce qui les unit dans leurs traditions, leurs cultures, leurs idéaux, de ce qui les rapproche sur le plan économique comme sur le plan moral, politique ou stratégique. Ils sont les plus menacés par le désordre du monde et l'émergence de puissances nouvelles qui n'adhèrent pas aux mêmes principes qu'eux, dont les

15

conceptions de la vie, de l'homme, de la société sont différentes. Une union véritable entre l'Europe et les Etats-Unis doit être imaginée. Il ne s'agit pas de se liguer contre le reste du monde, mais d'assumer la survie de la civilisation qu'ils ont apportée au monde et qu'ils ont la responsabilité de transmettre aux générations futures.

Gardons-nous des facilités de langage ! Mettre sur le même plan une nouvelle ambition pour l'Occident, qualifiée « d'occidentalisme », et l'islamisme radical n'est qu'un contresens. Que l'on sache, l'Occident ne prône ni l'application forcée de la loi religieuse à tous, ni le déni de la liberté individuelle, ni la violence comme arme du débat politique. Il lui est arrivé de trahir ses principes – nul n'est à l'abri des tentations de la force et de l'égoïsme, la période coloniale l'a montré –, du moins en avait-il.

Assumer la vocation originale de l'Occident, son droit historique à défendre sa personnalité et ses intérêts, ce n'est pas alimenter le choc des civilisations, tellement redouté ; tout au contraire, c'est contribuer à un nouvel équilibre d'un monde instable, qui évolue très vite, où l'affirmation par chaque peuple de sa personnalité doit se conjuguer avec la solidarité entre tous. Aucune civilisation ne l'emportera sur les autres, ce temps-là est révolu, toutes doivent accepter de dialoguer, de coopérer, de préserver leurs différences sans les exaspérer jusqu'à l'affrontement.

Le choc des civilisations ne sera pas évité par l'affaiblissement d'aucune d'entre elles, spécialement pas de celle dont nous sommes les héritiers et les dépositaires, et qui, comme d'autres auxquelles adhère la plus grande partie de l'humanité, mérite d'être respectée et préservée. Il n'est pas question de témoigner d'un égoïsme borné ni de proclamer une quelconque supériorité, mais d'affirmer notre foi dans la pérennité d'une civilisation millénaire.

I

L'Europe et les Etats-Unis
n'ont pas de bonnes relations

Il y a cinq siècles, la renaissance intellectuelle et la révolution scientifique ont donné
à l'Europe l'empire du monde ; de tous côtés
elle a étendu sa domination, colonisé des
pays de vieille civilisation, mis en valeur des
terres nouvelles, installé ses hommes aux
commandes, imposé ses techniques, son
mode de pensée. Le monde entier respirait
au rythme des impulsions venues d'Angleterre, de France, des Pays-Bas, d'Espagne.
De leur côté, les Etats-Unis, formés d'abord
de peuples venus d'Europe du Nord, réfrac-
taires à la religion de la monarchie de droit
divin, se sont émancipés de la domination

anglaise et, conquérant de l'Atlantique au Pacifique un pays immense, sont devenus la plus puissante nation du monde. L'Europe, déchirée à deux reprises par de véritables guerres civiles à l'échelle du continent, s'était crue le seul théâtre de la planète où se jouait le sort de la puissance ; elle fut punie de son aveugle égocentrisme, tomba dans la dépendance envers les Etats-Unis qui l'avaient libérée de l'occupation nazie et la protégeaient contre la menace soviétique étendant son emprise à l'Est. Puis elle s'est relevée avec l'aide des Etats-Unis, elle a rêvé de faire jeu égal avec eux en s'unifiant pour équilibrer leur influence ; jusqu'à présent, elle n'y a pas réussi. Les Etats-Unis sont, sur le plan politique, plus proches des pays d'Europe que de tout autre, mais ne leur manifestent pas d'égards particuliers, quelques apparences étant sauves, à grand-peine.

Le monde s'unifie sur le plan technique, économique, commercial, moins sur le plan culturel ; de nouvelles puissances émergent et renouent avec un passé parfois glorieux ; le poids relatif de l'Europe et des Etats-Unis sur la scène de la puissance diminue. Pis : ils sont l'objet d'une hostilité croissante de la part du reste du monde qui n'oublie pas que l'Occident l'a colonisé, dominé, violenté, exploité, qu'il a prétendu lui imposer ses principes, ses règles de vie collective, ses idéaux, le déposséder de ses cultures, de ses modes de vie et de ses religions traditionnelles. Sans guère de succès, il faut bien l'admettre ; tout ce que l'Occident y a gagné, c'est de susciter la méfiance et l'animosité. L'Histoire prend sa revanche.

*

* *

Dans la difficulté, l'Europe et les Etats-Unis n'ont pas encore compris que, pour la plus grande part, les dangers qui les menacent sont les mêmes, qu'ils doivent faire front ensemble : conflits en Afrique, en Asie, entre états mal assurés d'eux-mêmes et aux frontières contestées, instabilité en Amérique latine, bouleversements de l'équilibre de la puissance en Asie-Pacifique, au Proche-Orient, faiblesse de l'ONU, violations constantes des fondements mêmes du droit international qu'on pouvait croire admis par tous, instabilité économique, désordre monétaire, rivalités commerciales nées du développement des nations émancipées, crainte de la pénurie énergétique, des pandémies, mise à mal de l'environnement, mouvements massifs de populations fuyant la pauvreté vers des pays où elles espèrent trouver une meilleure vie, multiplication des conflits ethniques et religieux, intolérance et refus de la différence, course aux armements, tentation du repli sur soi, peur de l'avenir... Tout l'édifice bâti en 1945 sur les ruines du conflit mondial s'effrite, tout est à repenser.

A aucune d'aussi graves questions il n'existe de réponse simple ni évidente. A elle seule l'Europe ne la possède pas, l'Amérique pas davantage. Encore faudrait-il qu'elles en parlent ensemble, car elles sont concernées toutes deux au premier chef par l'aggravation de la situation d'un monde devenu plus prospère, mais plus déséquilibré. Trop souvent elles s'affrontent lors des réunions internationales, sans plus de profit pour l'une que pour l'autre, l'égoïsme à courte vue prend le dessus, elles ont grand-peine à s'accorder alors que c'est leur sort commun qui est en cause, le maintien de leur influence, le destin de leur puissance. Leur relation est entachée d'incompréhension, de malentendus, de ressentiments mutuels. L'Europe et les Etats-Unis se parlent beaucoup, le plus souvent pour constater leurs dissentiments et tenter en vain de les résoudre.

*

* *

Il est vrai qu'existent entre eux de multiples différences d'ordre démographique, politique, économique, militaire, diplomatique. Les Etats-Unis sont le premier pays d'immigration du monde : près de huit millions de personnes s'y sont installées, légalement ou illégalement, dans les quatre dernières années. C'est, pour la même durée, un rythme trois fois supérieur à celui de la grande vague d'Européens arrivés sur le nouveau continent autour de 1910. La natalité y est plus forte et dynamique que dans les autres pays riches ; avec trois cents millions d'habitants, les Etats-Unis sont au troisième rang des pays les plus peuplés au monde derrière la Chine et l'Inde. En 2005, leur composition ethnique reflétait une diversité croissante avec, à côté d'une majorité venus d'Europe, plus de quarante millions d'habitants d'origine latino-américaine, quarante autres millions d'origine africaine, quinze d'origine asiatique, cinq d'Amérindiens et d'autochtones de l'Alaska.

L'Union européenne, elle, a une population proche de cinq cents millions d'habitants, le pays le plus peuplé étant l'Allemagne avec quatre-vingt-deux millions. Le taux de natalité y est plus faible qu'aux Etats-Unis, le taux de mortalité plus élevé, le solde migratoire moins important, le taux de fécondité beaucoup plus bas. Voilà qui dessine une structure démographique plus fragile, à l'avenir plus sombre. Cela n'accroît pas la considération des Américains pour une Europe à la démographie déclinante et, ils en sont convaincus, à la volonté vacillante.

Les différences d'ordre politique ne sont pas moindres : il y a un nationalisme américain allié à une idéologie messianique, mariant la tradition de Theodore Roosevelt à celle de Wilson. C'est la nouvelle idéologie américaine, tandis que l'Europe, qui sait bien qu'elle a peu de prise sur les événements, rejette la politique de puissance et se complaît dans l'apologie d'un multilatéralisme qu'elle a du mal à définir. Comment s'en étonner alors qu'elle n'a pas les moyens militaires de la puissance, faute d'être résolue à s'en doter ? Dans les affaires du monde, il y a une volonté américaine, parfois contestable, mais affirmée ; il n'y a pas de volonté européenne claire et forte. L'Union européenne apparaît faible sur le plan militaire comme sur le plan diplomatique, dépendante des initiatives d'autrui auxquelles elle peine à opposer des propositions solides et crédibles, peu désireuse de jouer son propre rôle, acceptant de se confiner dans des aides financières et économiques aux pays en crise, sa contribution aux efforts militaires de maintien de la paix étant proportionnellement beaucoup plus réduite.

Cette attitude européenne est-elle, comme le pense Robert Kagan, un avatar de sa faiblesse, la faiblesse se définissant ici comme la préférence pour la négociation ? Ne serait-elle pas plutôt l'expression d'une conviction profonde, de nature morale et idéologique ? Depuis le premier après-guerre et la Société des Nations, dont Briand fut le propagandiste, pour maintenir la paix les Européens croiraient-ils exclusivement à la construction d'une société internationale fondée sur le respect du droit alors que les Etats-Unis, sortis de leur isolationnisme, feraient avant tout confiance aux rapports de force ?

Les Etats-Unis éprouvent un sentiment de leur puissance tel qu'il fausse leur jugement, tandis que l'Union européenne peine à s'affirmer, comme si elle était complexée et doutait d'elle-même. L'Alliance qui est censée les unir est déséquilibrée, car telle est la commodité des Américains et telle est la résignation des Européens. Lorsque les chefs d'Etat des vingt-sept membres de l'Union européenne se réunissent avec le président des Etats-Unis, on se croirait revenu deux mille ans en arrière, quand l'empereur romain rassemblait autour de lui les souverains vassaux.

*
* *

Situation étrange : l'Europe et les Etats-Unis sont menacés par des risques identiques, ils ont des intérêts communs beaucoup plus forts que ceux qui les divisent, des convictions partagées, une même civilisation qui devrait les rassembler, la même façon de concevoir le rôle de l'homme, sa place dans la société et dans le monde, des moyens économiques d'ampleur égale pour peu que leur utilisation soit bien organisée et, alors que tout devrait les rapprocher, ils persistent dans des querelles d'un autre temps, comme si le monde n'avait pas changé, comme s'ils étaient encore en mesure de s'en disputer seuls la domination.

Qu'ils ouvrent enfin les yeux ! Quoi qu'ils veuillent, ils sont étroitement dépendants l'un de l'autre. L'Europe n'a pas de meilleur allié possible que les Etats-Unis, ni les Etats-Unis de meilleure alliée possible que l'Europe. Il est vrai, beaucoup en doutent de part et d'autre de l'Atlantique. Mais qu'ils considèrent l'Histoire, les dangers auxquels ils sont les uns et les autres confrontés, qu'ils réfléchissent avant qu'il ne soit trop tard et que leurs divisions cultivées avec un soin persévérant n'aient créé d'irréparables dommages !

II

Le monde va-t-il,
sans l'Occident,
construire son équilibre
sur de nouvelles bases ?

Si ce n'est pas encore le cas, le risque existe. L'Occident est confronté à la concurrence, situation sans précédent depuis plusieurs siècles ; peu à peu, elle réduit sa place, l'influence qu'il exerce.

S'agissant de la population, l'Union européenne n'est pas seule en crise : la Russie comme le Japon en connaissent une. Cela n'a rien pour nous consoler. Si l'on considère des pays tels que l'Allemagne, l'Espagne ou l'Italie, depuis plusieurs décennies le nombre moyen d'enfants par femme n'y est plus guère supérieur à un, et chaque classe d'âge perd entre un tiers et un quart de ses effectifs par rapport aux générations précédentes. Malgré une immigration importante, la population baissera. Dans les dizaines d'années qui viennent, l'Allemagne devrait perdre de dix à quinze millions d'habitants.

Dans le même temps, en dépit de certaines disparités internes, la population de l'Afrique, de l'Amérique latine, de l'Asie s'accroît massivement. Nombre de pays du tiers monde connaissent une explosion démographique dont les effets représentent à eux seuls la totalité de la croissance de la population mondiale.

Sans doute les Etats-Unis sont-ils en meilleure situation et vont-ils mieux que l'Europe résister à ce « choc démographique ». Malgré cela, à elles seules, les régions les moins développées passeraient en 2050 de plus de cinq milliards à près de huit milliards d'habitants, tandis que les régions développées, essentiellement l'Occident, conserveraient une population stabilisée autour d'un milliard deux cents millions. Encore cette stabilisation ne serait-elle obtenue que grâce à l'immigration accueillie beaucoup plus volontiers par les Etats-Unis – qui se souviennent d'en être nés – que par l'Europe, où chaque pays multiplie les mesures de dissuasion pour mieux la contrôler. De ce point de vue, il y a sans doute deux Occidents, l'un plus ouvert, l'autre plus replié. Quoi qu'il en soit, le déclin de la fertilité comme la longévité croissante conduiraient à un vieillissement rapide, non seulement en Occident, mais dans un nombre de plus en plus grand de pays, dont la Chine qui pratique un contrôle rigoureux des naissances.

Au détriment de l'Occident jouent non seulement l'évolution de la population, mais aussi la compétition entre les économies. Celle de la région Asie du Sud-Est et Pacifique connaît une expansion rapide, proche de 10 % par an, qu'il s'agisse de la production globale ou de la production par tête, tandis que le dynamisme est beaucoup moins grand aux Etats-Unis et en Europe. Depuis des années, la croissance des pays en développement et des économies en transition est plus forte que celle des pays développés ; à cet égard, l'Europe est plus désavantagée que les

Etats-Unis, mais tous deux sont affaiblis relativement au reste du monde.

Tout concourt à maintenir dans les pays émergents un taux d'expansion élevé : la progression des investissements, l'essor des exportations, le développement des infrastructures, l'accroissement soutenu du crédit, l'augmentation de la demande intérieure. Désormais, c'est chez eux que se trouve le dynamisme du monde. Ils accumulent de colossaux excédents commerciaux ; de ce fait, la Chine amasse des capitaux qui gonflent ses réserves et lui permettent non seulement de financer les déficits des pays les plus évolués, en premier lieu celui des Etats-Unis, mais aussi de développer ses investissements extérieurs. Qui dépend le plus de l'autre : le prêteur ou l'emprunteur ? Les experts en débattent doctement ; si la situation est malsaine pour tous, elle recèle davantage de dangers pour celui qui consomme beaucoup sans produire suffisamment et sans épargner.

*

* *

Dans ce basculement de l'énergie et de la richesse, comment s'étonner que se fortifie chez les peuples émergents un esprit de revanche historique, nourrissant l'affrontement des volontés de puissance ? C'est vrai dans le domaine culturel, où les principes de l'Occident font l'objet d'un rejet, et où se développe dans tous les moyens d'information un discours qui relativise la valeur des droits de l'homme, met en doute les bienfaits de l'individualisme, conteste les règles de la démocratie. Le tout avec la complicité des pays européens, tous prêts à admettre chez les autres des tyrannies qu'ils veulent croire provisoires, pour préserver, croient-ils, leurs intérêts et leur influence, ou pour mieux lutter, croient-ils encore, contre un extrémisme religieux dans lequel ils veulent voir le seul véritable danger. Cette contestation ne se répand pas seulement dans le monde musulman, mais dans toute l'Asie, dans toute l'Afrique ; là, pour les pouvoirs en place, le combat pour les droits de l'homme apparaît davantage comme une arme au service de ceux qui les contestent que comme une conviction sincère.

La même volonté de puissance – ne faudrait-il pas dire d'affirmation de soi, de renaissance ? – se manifeste dans le domaine stratégique et militaire. A preuve la politique chinoise vis-à-vis de l'Afrique, mais aussi du Pakistan, dans le détroit de Malacca, où il s'agit pour la Chine de sécuriser militairement ses voies d'approvisionnement en énergie.

Cette volonté de s'affirmer, de compter, d'être respecté s'empare aussi des pays du Sud, qui tentent de réduire l'Occident à la défensive en organisant contre lui des coalitions afin de le marginaliser dans les négociations internationales. C'est ainsi que le Brésil, l'Inde et l'Afrique du Sud, se qualifiant comme les trois grandes démocraties en voie de développement, ont décidé naguère de défendre ensemble leurs intérêts communs sur la scène internationale. Selon le président brésilien, cette alliance nouvelle constituerait l'affirmation publique que les dirigeants de ces trois pays croient aux « relations Sud-Sud », et qu'à leurs yeux il n'est jamais trop tard pour changer la géographie économique et commerciale du monde.

Malgré leurs intérêts parfois divergents en matière agricole ou industrielle, et leur importance fort inégale sur la scène de la puissance, ces trois géants sur leurs continents respectifs ont relevé le défi qu'ils s'étaient fixé à eux-mêmes, et amplifié la coopération « Sud-Sud ». Ils ont fait preuve de leur solidarité dans plusieurs forums internationaux, réclamé ensemble la réforme du Conseil de sécurité de l'ONU, se sont opposés aux barrières imposées aux exportations agricoles par les pays riches, ont exigé la reprise des négociations à l'OMC ; ils ont élaboré ou soutenu des programmes de lutte contre la faim, la misère, encouragé les échanges de médicaments contre le sida, la tuberculose et la malaria.

Ainsi leur solidarité, d'abord diplomatique et politique, commence-t-elle à se manifester sur le plan économique. Leurs relations n'en sont encore qu'à leurs débuts, mais déjà elles croissent rapidement, notamment entre l'Inde et le Brésil. Leur ambition est de doubler dès 2007 les échanges commerciaux triangulaires entre eux.

L'Europe et les Etats-Unis ne sont plus seuls à agir, à décider ; d'autres puissances émergent, créant de nouveaux centres de prospérité, de nouveaux courants d'échanges. L'équilibre du monde s'en trouve ébranlé, il change.

III

L'Europe et les Etats-Unis
face à l'hostilité
du reste du monde

Si le risque existe que le mouvement du monde se construise malgré eux, toujours contraints de s'adapter sans avoir rien prévu, il y a, on l'a vu, plus grave : ce n'est pas seulement la marginalisation de l'Occident qui est en cours, mais son rejet. Combien de peuples contestent non seulement sa domination matérielle, économique et militaire, fût-elle en déclin, mais l'ensemble de ses valeurs morales, de ses principes de vie collective ? Ce rejet peut conduire l'Occident, et singulièrement les Etats-Unis, à des réactions excessives, à une agressivité systématique envers les pays qui remettent en cause leur prépondérance, le modèle qu'ils prétendent représenter, le Bien qu'ils croient incarner ; ainsi alimenteraient-ils plus encore le ressentiment antioccidental. Un exemple funeste en est le désastre irakien, dont les effets se feront sentir longtemps. L'Occident doit éviter de se laisser aller à un sentiment quasi paranoïaque, à se croire assailli de toutes parts, injustement contesté, cerné d'ennemis. Qu'il s'astreigne à un peu de froideur afin de comprendre ce qu'il incarne vraiment aux yeux des autres, et les raisons de l'hostilité dont il est l'objet.

Kipling qualifiait de « fardeau de l'homme blanc » la mission qui lui aurait été impartie de gouverner la planète. Un fardeau pèse toujours sur ses épaules, mais il a changé de sens ; désormais, cette mission exclusive qu'il s'était attribuée justifie, aux yeux de ceux qui le contestent, son rejet. Les discours des organisations extrémistes de tous ordres, et pas seulement islamistes, en font foi, comme aussi ceux de nombreux dirigeants du tiers monde. Aux siècles de domination du monde par l'Occident succède le siècle du ressentiment ; il paie le prix de sa forfanterie égoïste et aveugle.

Ce rejet, nourri d'un antiaméricanisme simpliste tenant lieu à beaucoup de système de pensée, existe au sein même des pays occidentaux. En témoignent les mouvements altermondialistes, l'extrême gauche française pour laquelle la mondialisation ne peut, par principe, être qu'ultralibérale, donc condamnable ; on démonte les installations de McDonald's parce qu'il s'agit d'une entreprise américaine, sans y regarder davantage. Ces réflexes pavloviens n'épargnent pas la gauche française classique, aux yeux de laquelle le moindre geste amical envers les Etats-Unis est parfois stigmatisé comme manifestant une position « atlantiste » ; cet automatisme bien-pensant conduit à décerner des brevets d'indépendance d'esprit à quiconque se laisse aller aux plus absurdes simplifications : on voit des dirigeants européens en visite en Chine y critiquer les Etats-Unis au nom de la liberté !

Comme il est naturel, ces excès en appellent en retour d'autres qui cristallisent les affrontements et augmentent les risques de conflit.

Existe une tentation d'escalade née d'une réaction excessive de l'Occident, et particulièrement des Etats-Unis, enclins à répondre par l'affirmation de leur force au rejet dont ils sont l'objet, à l'hostilité dont ils s'estiment injustement les victimes. On l'a vu depuis quelques dizaines d'années en Asie comme en Afrique ou en Amérique latine. L'Occident a conscience de son affaiblissement relatif par rapport à des concurrents qui se sentent en situation meilleure pour le contester ; sa propre situation, qu'il sait menacée mais qu'il veut préserver, le conduit à réaffirmer le rôle dirigeant dont il s'estime toujours investi par l'Histoire. Alors il a recours aux moyens traditionnels de la menace militaire et économique. Les succès sont rares. Nul ne sait plus comment résoudre les problèmes d'un monde où la multiplication des pôles de pouvoir crée le désordre : comment sortir du piège irakien, comment traiter avec l'Iran pour éviter la prolifération nucléaire, comment affronter le terrorisme international ? Nul ne le sait.

*

*　*

Concurrencé dans sa puissance et dans ses valeurs, craignant d'être marginalisé, voire rejeté, redoutant la menace d'actions violentes suscitées par des Etats terroristes ou des organisations criminelles internationales, l'Occident est obligé de faire face. Quel message nouveau doit-il délivrer au monde ? Comment doit-il s'organiser ? Il hésite, car il n'a pas encore pris pleine conscience de son unité profonde ; pourtant, si l'Europe et les Etats-Unis n'ont pas partout les mêmes intérêts, s'ils ne sont pas soumis partout aux mêmes menaces, il reste que, pour l'essentiel, ils sont, dans les faits, solidaires l'un de l'autre.

L'instabilité du Moyen-Orient les concerne tous deux ; elle est pour eux, depuis des générations, un souci permanent. Aucune de leurs interventions n'est parvenue à y instaurer la reconnaissance mutuelle des peuples qui y vivent, ni la paix. C'est leur plus grand échec commun. Géographiquement, l'Europe est plus proche de cette région, mais les Etats-Unis, militairement présents au Liban, en Israël, en Irak, en Turquie, y jouent un rôle capital ; tous deux en dépendent pour leur approvisionnement énergétique et sont particulièrement vulnérables au terrorisme.

Durant une dizaine d'années, après l'éclatement de l'Union soviétique, la Russie a semblé un concurrent stratégique en perte de vitesse. Ce n'est plus le cas. Ce pays immense est en passe de recouvrer la prospérité ; il a mis fin aux désordres qui avaient suivi l'effondrement du communisme. Même amputé d'une bonne part de son territoire et de sa population, il renforce ses liens avec ses anciens vassaux qui ont souvent du mal à gérer leur émancipation ; proche des zones de conflit d'Asie centrale, voisin de la Chine avec laquelle il entretient des relations de connivence et de rivalité, inquiet de la pénétration des Américains dans les anciennes républiques soviétiques et de l'extension géographique de l'Alliance atlantique, disposant du deuxième arsenal nucléaire au monde, membre permanent du Conseil de sécurité, présent dans l'océan Pacifique et, quand il le juge utile pour lui, courtisant le Japon, il entend bien retrouver une bonne part du rôle dont la disparition de l'Union soviétique l'a privé. La Russie est au cœur des préoccupations des Européens, à la frontière proche de nombreux membres de l'Union, irremplaçable fournisseur de l'énergie dont ils sont presque tous dépourvus ; certes, nourrissant la nostalgie de sa domination sur l'Europe orientale, elle représente un risque plus grand pour eux que pour les Américains, mais elle est résolue sinon à disputer à ceux-ci la prépondérance, du moins à les contraindre à la reconnaître comme un partenaire dont, dans les affaires essentielles, l'accord est indispensable.

En Asie et dans le Pacifique, les Etats-Unis sont plus directement confrontés aux risques nés de la vertigineuse croissance économique des pays en développement, d'une ambition chinoise grandissante, d'un sentiment nationaliste qui s'épanouit au Japon, de l'instabilité des relations entre l'Inde, le Pakistan, l'Afghanistan, l'Iran. Depuis peu, ils ont pris conscience que, presque autant que l'Europe, ils ont intérêt à ce que l'Afrique ne sombre pas dans la misère, les rivalités ethniques, à ce qu'elle maîtrise la croissance de sa population, à ce qu'elle assure à celle-ci la subsistance et la santé.

Même s'il existe des divergences de situation et d'intérêts entre les Etats-Unis, de plus en plus tournés vers le Pacifique, et l'Europe, qui doit être capable de gérer son propre environnement en Afrique, au Proche-Orient, en Asie centrale, demeure entre eux une solidarité fondamentale : celle de la lutte pour la paix, pour la défense d'un certain type de civilisation politique et morale, contre la pauvreté, la prolifération nucléaire et le terrorisme. Tout ce qui affaiblit l'un affaiblit l'autre ; tous deux devraient s'en convaincre et abandonner les jeux du passé.

Jusqu'où cette solidarité irait-elle au cas où s'aggraverait l'affrontement entre Américains et Chinois, ou bien celui qui reste sous-jacent entre Européens et Russes ? L'Occident est-il prêt à faire un front commun face à des menaces communes, ou continuera-t-il à agir – quand il agit – de façon dispersée ? Admettra-t-il enfin que le déplacement du centre de gravité du pouvoir dans le monde lui impose de se défaire des réflexes de pensée traditionnels et des idées toutes faites ?

IV

Existe-t-il, dans les faits, une réelle unité de l'Occident ?

Beaucoup en doutent : les différences entre l'Amérique et l'Europe sont profondes, enracinées dans l'Histoire. Dans le domaine culturel, comme l'écrit Bruno Tertrais[1], la place de la religion dans la vie publique les sépare, tout comme la conception des rapports entre l'Eglise et l'Etat. Jusqu'au 11 septembre 2001, l'Amérique acceptait assez volontiers les manifestations de l'intégrisme musulman, observé avec beaucoup plus de circonspection en Europe,

―――――――

1. *Europe/Etats-Unis : valeurs communes ou divorce culturel ?*, Note n° 36 de la Fondation Robert Schuman, 2006.

la Grande-Bretagne alors exceptée ; le rejet du darwinisme n'a pas d'équivalent en Europe, tandis que la culture américaine se soucie moins de réguler le recours à la force, comme si elle y voyait le droit naturel des plus puissants, bénis de Dieu. N'oublions pas l'attitude face aux problèmes du Proche-Orient, la difficulté qu'ont les Européens à comprendre à quel point le soutien à l'Etat hébreu est ancré dans la culture religieuse et la mentalité politique américaine.

Leur dynamisme est loin d'être le même : l'Amérique est jeune et toujours, on l'a vu, une terre d'immigration, son économie très libérale la fait croître rapidement, tandis que l'Europe vieillit, tend à se protéger, peine à se réformer. Nul ne s'étonnera que la puissance et l'influence des Etats-Unis soient sur tous les plans tellement supérieures à celles de l'Europe.

Reste que l'Union européenne, au départ née de la guerre froide et du désir de se protéger des tentatives d'expansion soviétiques, a pris une consistance telle qu'elle se présente désormais comme une grande puissance économique et monétaire qui n'hésite pas à affronter les Etats-Unis. En outre, la fin de la guerre froide a rendu l'Europe plus sûre, même si la crainte de la Russie qui prévaut dans les pays de l'ancien glacis soviétique conduit les Etats-Unis à y étendre le champ de l'Alliance atlantique, liant ainsi davantage encore leur propre sécurité à la sienne.

La guerre menée par les Etats-Unis en Irak a exacerbé les différences. Il ne s'agit plus seulement d'intérêts matériels ou politiques, c'est un véritable fossé idéologique et moral qui s'est creusé entre l'Amérique et de nombreux pays européens. Même si l'alternance politique, en Europe comme aux Etats-Unis, jointe à l'évidence du chaos qui règne au Proche-Orient et à l'urgence de trouver les solutions pour en sortir, doit un jour apaiser la tension, une prise de conscience a eu lieu : sur une question vitale pour leur avenir, Europe et Amérique ont du mal à coordonner leur action. Perspective redoutable pour l'une comme pour l'autre !

*

*   *

Cependant, l'Occident existe, même si l'on peine à le définir. On pourrait le réduire au monde anglophone, ce qui serait inexact, dangereux, et exclurait l'Europe ; le considérer comme l'ensemble des pays les plus industrialisés, tous alliés des Etats-Unis, ce qui reviendrait à y faire entrer nombre de nations asiatiques, ferait fi des traditions historiques respectives, négligerait les différences de culture et de valeurs morales ; tenter d'organiser une communauté de sécurité eurasiatique « de Vancouver à Vladivostok », ce qui ferait entrer la Russie dans un ensemble où, à supposer qu'elle l'accepte, elle ne serait guère à l'aise et où elle mettrait ses partenaires mal à l'aise.

La communauté transatlantique constitue la meilleure définition de l'Occident. C'est une réalité matérielle, inscrite dans les faits. L'intégration économique entre les deux rives de l'Atlantique ne cesse de progresser ; elles sont l'une pour l'autre les meilleurs clients et les plus grands investisseurs. L'Union européenne est la terre d'accueil privilégiée pour les investissements américains, et elle est elle-même le premier investisseur aux Etats-Unis. Depuis dix ans, les entreprises américaines ont investi aux Pays-Bas dix fois ce qu'elles ont investi en Chine, et l'Europe a investi davantage au Texas que les Etats-Unis au Japon.

Les échanges de marchandises augmentent au rythme de 10 % l'an, au point qu'on parle désormais d'une « économie transatlantique » à l'origine de quinze millions d'emplois de part et d'autre de l'océan, l'équivalent de deux milliards d'euros étant échangé chaque jour. Ensemble, l'Union européenne et les Etats-Unis produisent encore plus de 55 % du produit mondial, représentant 24 % des exportations, 31 % des importations et 62 % du stock des investissements directs. Pour longtemps encore, l'Atlantique Nord restera le centre commercial et financier du monde.

La sécurité de l'Europe et des Etats-Unis est étroitement liée, moins désormais face aux risques de la guerre froide qu'à ceux nés du terrorisme, de la prolifération nucléaire, d'une mondialisation mal maîtrisée. La menace qui pèse sur eux est largement la même ; ils sont tous deux les cibles de choix des mouvements terroristes ou intégristes auxquels leur culte de la liberté fait horreur. Elle leur impose des choix stratégiques communs, le renforcement d'une alliance tissée après la guerre contre le danger de domination soviétique en Europe, et qui conserve son intérêt dans un monde instable, militairement fragmenté et incertain ; l'organisation de l'Alliance atlantique étend d'ailleurs son champ d'action en Europe orientale comme en Asie centrale.

L'Europe et l'Amérique nourrissent les mêmes idéaux collectifs, leur histoire est largement commune, leurs principes aussi, la majorité de la population américaine est encore d'origine européenne. L'une et l'autre croient à la démocratie, la mettent en pratique à des degrés variables selon les domaines, mais beaucoup plus que les autres pays du monde ; elles sont attachées au respect des droits fondamentaux de la personne, à la liberté individuelle ; elles croient à l'économie de marché, à la concurrence, au progrès né du dynamisme individuel ; par-dessus tout, elles sont fières d'avoir inventé les droits de l'homme, même si elles ne les mettent pas toujours en pratique de façon exemplaire. Cet ensemble euro-atlantique compte près d'un milliard d'hommes divisés en une multitude de nations à l'histoire mouvementée, aux rivalités toujours présentes, mais finalement attachées aux mêmes valeurs spirituelles.

Ainsi, non seulement l'Europe et les Etats-Unis sont liés par les mêmes intérêts fondamentaux, mais leurs sociétés reposent sur des principes moraux très proches, et sont confrontées aux mêmes risques. Pour rassembler l'Occident, il n'y a pas uniquement une économie transatlantique puissante et active, mais aussi une communauté de civilisation, de conception de la liberté et de la vie collective. Reste à faire vivre mieux une unité occidentale qui est inscrite dans l'Histoire, dans les faits, et aussi, quoi qu'on prétende, dans les esprits et dans les mœurs. Quelles que soient leurs divergences, dont les diverses instances internationales sont parfois le théâtre, c'est encore de l'accord entre l'Europe et les Etats-Unis que dépendent pour une grande part la prospérité du monde et la paix. Il faut donner une existence politique à cet ensemble euro-américain.

*

* *

L'Union européenne sera-t-elle un jour capable d'exister politiquement et de mener une politique indépendante, ce qui est la condition indispensable pour qu'elle noue avec les Etats-Unis des relations plus équilibrées et égalitaires sans lesquelles l'Occident demeurera une formule servant de paravent au maintien de la prépondérance américaine ? Malgré les progrès accomplis depuis la guerre, elle est loin du but. Elle n'y parviendra que si elle réussit à se doter d'une structure et de pouvoirs qui lui permettent de se faire entendre et de peser. Ce ne sera pas une tâche facile.

Les Etats-Unis exercent une influence considérable sur l'économie et le dynamisme de l'Europe, ils prennent une part essentielle à sa sécurité. Pour les dirigeants américains, longtemps l'Union européenne a été le prolongement de l'Alliance atlantique dominée par eux. Dès l'origine, l'influence de Washington a toujours joué dans le même sens : l'extension de l'aire géographique de l'Union, le refus d'accepter le renforcement de ses pouvoirs propres au sein de l'Alliance comme au sein de tous les organismes de concertation politique ou économique, le tout conduisant à maintenir sous tutelle les nations du Vieux Continent. Vu de l'autre côté de l'Atlantique, il existait une coïncidence étroite entre l'unification européenne et, la mondialisation aidant, l'affirmation de la puissance américaine ; nombreux étaient ceux qui, à Washington, pariaient sur la convergence entre l'intégration supranationale européenne et les intérêts des Etats-Unis, l'espace européen offrant aux entreprises américaines le cadre d'une activité que ne freinerait plus aucune frontière.

Ce temps est près d'être révolu. Si les Etats-Unis ont longtemps cru que le rapprochement entre les pays européens favoriserait le maintien de leur propre influence en Europe, ils commencent à perdre cette illusion. De plus en plus, l'Europe sera portée à utiliser l'Union qu'elle bâtit pour faire entendre une voix indépendante sur les affaires du monde, qu'il s'agisse des débats aux Nations unies, des discussions au sein de l'Organisation mondiale du commerce ou des institutions financières internationales ; de plus en plus, la concurrence industrielle entre les entreprises fera rage de part et d'autre de l'Atlantique. A l'avenir, la place que tiendra l'Europe dépendra du rapport de forces qu'elle sera capable d'instaurer. Il lui reste à s'en donner les moyens.

*

*   *

Dans un monde tellement unifié si l'on considère les réalités matérielles, au contraire tellement fragmenté si l'on observe les mouvements des cœurs, l'unité entre l'Europe et les Etats-Unis doit l'emporter sur leurs divergences. Cela suppose que les Etats-Unis admettent qu'ils ne sont ni seuls ni tout-puissants, et que l'Europe fasse les efforts nécessaires pour exister autrement que par ses doléances.

Inutile de s'étonner : si les peuples d'Europe et des Etats-Unis doutent de leur unité profonde, c'est que rien n'est fait pour les en convaincre, pour créer un sentiment commun à tous ; pourtant, les réalités sont là : les arts, le cinéma, la musique, l'habillement, le mode de vie, les aspirations et les rêves sont, sinon les mêmes, du moins proches, surtout chez les jeunes. C'est aussi que les politiques suivies par leurs gouvernements ne sont ni discutées ensemble, ni définies ensemble, ni appliquées ensemble.

La voie leur est tracée : prendre conscience de la communauté de civilisation qui les unit, bâtir des institutions qui leur soient communes et leur permettent d'agir ensemble dans un monde où ils ne sont plus les détenteurs exclusifs de la puissance.

V

L'Europe doit éviter l'isolement des Américains et leur repli sur eux-mêmes

Le conformisme a ses facilités comme ses risques. Nous répétons volontiers qu'il faut s'opposer à l'« unilatéralisme » américain. Certes, c'est une réalité dont il existe des démonstrations quasi caricaturales. Mais, ne l'oublions pas, pour les Etats-Unis l'impérialisme est une tradition moins ancienne et peut-être moins naturelle que l'isolationnisme. Dans l'avenir, le plus probable danger n'est pas que les Américains interviennent constamment dans toutes les affaires du monde – déjà ils n'ont plus les moyens d'une domination tous azimuts –, mais qu'ils ne se sentent plus nécessairement concernés par toutes les questions qui, loin de leurs rives, agitent la planète, et se replient sur quelques objectifs primordiaux à leurs yeux. Un pays uniquement soucieux de sa prospérité et de sa sécurité, qui s'imagine devoir se limiter à défendre ses intérêts égoïstes et croit n'avoir rien à redouter de personne, peut être enclin à se protéger seul derrière une muraille dont il ne sort que lorsque bon lui semble, à n'utiliser la globalisation qu'à ses propres fins, et à borner là ses ambitions. Une certaine dose d'idéalisme est nécessaire à qui prétend jouer un rôle dans l'univers. L'indifférence à ce qui n'est pas soi-même est la tentation des puissants lassés par leurs déceptions ; la mondialisation n'en rend pas la tentation moins naturelle.

Il est vrai que le « 11 septembre » s'est imposé aux Américains comme une rude évidence : ils ont compris qu'ils n'étaient à l'abri d'aucune menace, mieux, ou pis, qu'ils en étaient l'objectif privilégié ; que, sans intervenir à tout propos partout dans le monde, ni prétendre apporter leurs propres solutions pour résoudre tous les conflits, l'isolement ne conjurerait aucun danger : ni le terrorisme, ni la prolifération nucléaire, ni la criminalité internationale, ni les pandémies, ni les guerres commerciales, ni le désordre financier et monétaire. Encore faut-il savoir contre quel danger l'on est en mesure d'agir et avec quels moyens : l'Irak est l'exemple le plus douloureux du drame auquel peut conduire une erreur d'appréciation, fondée sur l'ignorance du monde et le parti-pris idéologique ; l'appui jusqu'à aujourd'hui quasi inconditionnel à la politique d'Israël en est un autre.

Il est temps pour les Européens de prendre conscience de la réalité : les erreurs, les échecs de l'Amérique, loin de renforcer l'Europe, l'affaiblissent aussi. On le voit bien au Moyen-Orient, comme dans les relations avec l'Iran ; les destins de leur puissance respective, de leur influence, sont liés. A l'inverse, lorsque l'Europe et les Etats-Unis agissent en partenaires confiants au service d'une cause juste, ils connaissent la réussite : on l'a vu avec la fin de la guerre froide, l'effondrement du communisme ; on le constate aujourd'hui avec la mondialisation économique, progrès immense par rapport à la bureaucratie triomphante et au protectionnisme de l'après-guerre.

Une Amérique faible n'est pas de l'intérêt de l'Europe – c'est le contraire. Une Amérique forte et qui ait confiance en elle, sans prétendre imposer ses vues à tous, est la meilleure garantie de la stabilité et de la sécurité générale.

Cela ne veut pas dire que l'Europe doive renoncer à sa propre façon de voir pour se plier à celle de son partenaire naturel. Mais elle doit aussi faire l'effort d'élargir ses conceptions, d'abandonner les idées toutes faites, d'évoluer, d'adopter sur le réchauffement climatique, le commerce international ou les relations avec la Chine des positions réalistes et pas nécessairement contraires en tout point à celles des Etats-Unis ; de contribuer, si c'est encore possible, à stabiliser et à rebâtir l'Irak, de prendre une part plus active à la solution du conflit entre Israël et la Palestine. La Chine, par exemple, doit être traitée avec égards, mais sans ménagements excessifs ; elle n'est pas seulement un partenaire économique qui émerge et qui dérange, elle devient aussi une puissance militaire qui trouble le jeu, un concurrent politique majeur pour l'Occident tout entier, et non pas seulement pour les Etats-Unis. Elle est le principal bénéficiaire du relatif affaiblissement américain, dont l'Europe n'a aucun profit à espérer ; aussi celle-ci doit-elle, tout en menant sa propre politique, cesser de nourrir l'illusion de pouvoir, au-delà d'un certain point, tirer à bon compte son épingle du jeu.

Sans rien renier de leur indépendance respective de jugement et d'action, Européens et Américains doivent les uns et les autres éviter les provocations inutiles, les erreurs qui les affectent mutuellement. L'hostilité systématique envers la politique américaine ne rapporte rien à l'Europe ; la négligence envers les souhaits et les intérêts européens ne rapporte rien à l'Amérique. Dans les esprits, leurs querelles font naître le doute sur la solidité de l'Occident, sur sa foi en lui-même.

*

* *

Europe et Amérique doivent définir un partenariat ambitieux concernant tous les problèmes auxquels elles sont confrontées ensemble, et créer une solidarité qui remédie au désarroi qui menace les peuples d'Occident.

Leur capacité à agir en resserrant leurs liens, en construisant une alliance plus dynamique, plus globale, permettra de mieux coordonner leurs actions de par le monde. L'Europe sortirait de son apathie, les Etats-Unis se résigneraient à ne plus prétendre imposer leurs vues à leurs alliés ; ils feraient preuve d'autant moins de messianisme, d'autant plus d'ouverture d'esprit que l'Europe serait capable de manifester sa propre volonté dans les instances internationales et de se faire respecter, ce qui n'est pas toujours le cas. L'administration et les élites américaines doivent accepter de s'interroger sur leurs attitudes instinctives, de les remettre en cause et d'adhérer à une vision de la vie internationale plus équilibrée et donc plus lucide. Bâtir avec l'Europe un partenariat fondé sur la reconnaissance de la juste place de l'un et de l'autre les y aiderait.

Négligeons les querelles de mots : un monde multipolaire ? Un monde multilatéral ? Aucune formule ne garantit la stabilité ni la sécurité. Prétendre organiser la paix et l'harmonie par le regroupement de tous les Etats autour de quelques grandes puissances qui leur imposeraient leur influence comme à des vassaux correspond sans doute à une certaine vision de la réalité d'aujourd'hui ; reconnaître l'existence d'un pôle européen face à un pôle américain, à un pôle chinois, à un pôle indien, à un pôle russe, peut conduire, un temps, à l'équilibre entre les nations. Mais ne serait-ce pas une vision de l'Histoire déjà dépassée ? A l'avenir, les désordres du monde ne naîtront pas des conflits entre les plus grands pays, trop conscients de leurs intérêts, mais entre les moins importants, qui entraîneraient leurs alliés dans leurs propres querelles. N'est-ce pas ce qu'on a déjà vu en 1914 ? N'est-ce pas ce que l'on voit aujourd'hui en Asie comme en Afrique ? Qui peut prédire les conséquences qu'aura la situation au Kosovo, au Soudan, en Afghanistan, au Pakistan, sur les rapports entre les grandes puissances et sur la paix du monde ? L'entente entre ces grandes puissances, chacune dominant la région où elle se trouve, ne suffit pas. La politique des zones d'influence rencontre ses limites dans la mondialisation.

Il faut imaginer la vie internationale de telle sorte que les décisions soient prises non pas de manière unilatérale par une seule puissance dominante, ou deux, ou trois qui s'entendraient entre elles, mais dans le cadre de négociations aussi larges et fréquentes que possible, associant tous les Etats concernés et qui seraient appelés à y coopérer. Il existe pour cela des institutions. L'Europe doit convaincre les Etats-Unis que la loi international doit être reconnue par tous, y compris les plus forts, que chaque peuple a voix au chapitre, que la force ne peut être employée qu'au service du droit, que, même s'il dépend beaucoup d'eux, le sort du monde ne peut être remis exclusivement aux mains des plus forts.

En définitive, pour les Américains, de quoi s'agit-il ? De changer d'état d'esprit, de jeter un regard plus lucide sur l'avenir. Dira-t-on que c'est une affaire facile ? Certes non, il n'est jamais commode de changer de mentalité ; mais il est inutile pour eux de bouleverser, à cette fin, les structures de leur société, de modifier profondément leurs institutions. Ils peuvent y parvenir par un effort de réflexion collective et d'explication ; avant eux, l'Espagne, la France, l'Angleterre, l'Allemagne ont bien dû admettre qu'aucune d'entre elles ne pouvait dicter sa loi au reste du monde.

La tâche est autrement plus rude pour les Européens, divisés en Etats, en langues multiples, engoncés dans les souvenirs de leur histoire, farouchement résolus à préserver la personnalité de leurs nations, à maintenir leur indépendance. Sont-ils prêts à cette révolution ? On peut s'interroger.

VI

Seule une Europe plus efficace permettra la création d'une Union occidentale

L'Europe ne doit pas être seulement une conseillère raisonnable, écoutée à l'occasion d'une oreille distraite, mais un allié respecté. L'Union doit exister pour proposer, pour agir par elle-même, pour convaincre aussi les Etats-Unis chaque fois qu'elle estime utile de les mettre en garde ou de mener avec eux une action commune. Elle le peut d'autant mieux que, compte tenu de l'expérience diplomatique et militaire des Etats qui la composent, et parce qu'elle est au cœur de l'ensemble formé par l'Afrique, le Moyen-Orient, l'Asie centrale, directement confrontée aux tensions qui ébranlent ces régions, elle peut y jouer un rôle utile que nul ne peut remplir à sa place. Encore faut-il qu'elle s'en donne les moyens, qu'elle évite de s'intéresser à des vétilles telles que la réglementation de la taille des rétroviseurs de camions – ce qui a pour seul résultat de la rendre impopulaire, voire ridicule –, qu'elle s'occupe de l'essentiel, non de l'accessoire.

Nul ne doit se dissimuler l'enjeu : l'Europe doit choisir et accepter de se réformer profondément si elle veut tout simplement exister. Paradoxe ! Dès qu'on aborde l'avenir, on se retrouve face à deux groupes de partisans : ceux qui, ardents défenseurs de l'Occident, veulent faire de l'Europe l'alliée inconditionnelle des Etats-Unis ; à l'opposé, ceux qui veulent la bâtir afin de secouer la tutelle américaine.

Il y a aussi ceux qui estiment cette réforme inutile parce qu'à leurs yeux l'Europe l'est également, que seuls comptent les Etats. On connaît la thèse : la France, dotée par De Gaulle de la force de dissuasion, a une politique étrangère qui lui est propre, une autonomie de décision. Elle a ses conceptions sur l'avenir de l'Europe, sur l'organisation du monde, sur l'économie, sur le réchauffement de la planète, sur les droits de l'homme. Certes, elle doit se défier de l'irréalisme impuissant des prêches, du poids des mots, du « droit-de-l'hommisme », mais elle compte ; gardons-nous, nous conseille-t-on, de faire nôtre le postulat selon lequel les Etats-nations seraient périmés, archaïques, responsables des malheurs du monde, ce qui justifierait de leur substituer une superstructure qui les rendrait plus caducs encore qu'ils ne le sont déjà. Les Européens voudraient-ils vivre dans un monde post-national et n'être plus protégés que par l'Europe ? C'est un leurre, nous dit-on, on ne peut bâtir une Europe plus forte ni un système international plus efficace avec des Etats affaiblis. Le monde a besoin d'Etats forts, seuls fondements possibles de l'ordre planétaire.

N'allons pas croire, ajoute-t-on, que nous ne puissions avoir un rôle qu'à travers l'Europe. Il y a bien des parties du monde où l'influence française est recherchée, l'action de la politique étrangère française souhaitée. L'Union européenne sera plus forte si elle rassemble des pays assurés d'eux-mêmes, de leur légitimité, de leur avenir, qui savent ce qu'ils veulent. L'avenir, c'est l'élargissement de l'Europe, accompagné de coopérations renforcées entre petits groupes d'Etats à géométrie variable, avec des compositions très différentes selon les domaines. En somme, l'« Europe des cercles ».

Dans tout cela, il y a du vrai ; longtemps encore les Etats-nations conserveront leur utilité, correspondront aux sentiments des peuples, bénéficieront d'une légitimité irremplaçable, auront une réalité forte. Raison de plus pour rebâtir l'Union sur des bases nouvelles qui ne soient pas fondées sur des chimères. J'apprécie l'éloge de l'« Europe des cercles » que j'ai proposée il y a maintenant une quinzaine d'années, et qui est la seule façon réaliste de progresser aussi longtemps que l'Europe ne parviendra pas à dégager une volonté politique réellement commune.

Inutile de nourrir le fantasme d'une Europe fédérale. Comment une fédération serait-elle possible entre des Etats que séparent de profondes divergences sur le principe même d'une « Europe-puissance » — lequel n'est pas accepté par ceux qui redoutent qu'il ne conduise à une rupture avec les Américains —, sur le comportement à adopter envers les Etats-Unis, sur l'attitude à observer vis-à-vis de la Russie ? Qui y croit encore ? Qui le propose ? Au-delà de toutes les subtilités juridiques sur l'origine du pouvoir, le fédéralisme se définit simplement : dans une telle structure, un Etat peut être contraint à faire ce qu'il ne veut pas, ou à ne pas faire ce qu'il veut, si une majorité des autres Etats membres de la fédération le lui impose. Qui, en Europe, parmi les grands Etats, est disposé à se voir imposer une politique étrangère ou militaire dont il ne voudrait pas, à faire la guerre en Irak, en Afghanistan, au Darfour, ou à ne pas la faire, selon les vœux de la majorité de ses partenaires ? Personne. La cause est entendue.

Alors, le *statu quo* ? Comment espérer que, dans la structure actuelle de l'Europe à Vingt-sept, celle-ci puisse acquérir dynamisme et crédibilité ? Elle ne le pourra pas aussi longtemps qu'il ne sera pas porté remède aux défauts qui l'empêchent d'être efficace : l'iniquité de la représentation des Etats, qui ne tient pas suffisamment compte de la population, et la surreprésentation des plus petits dans toutes les instances, le Conseil, le Parlement, la Commission, qui donne une vue artificielle de la réalité et ôte de la crédibilité et de l'autorité aux décisions, quand on parvient à les prendre ; le champ très vaste de la règle de l'unanimité, qui interdit de marquer une volonté commune dans des domaines importants, mais qui ne peut qu'être, pour l'essentiel, maintenu tant que l'iniquité de la représentation des Etats le sera ; la multiplicité des langues, qui empêche non seulement des décisions rapides, mais souvent la compréhension même des problèmes qui se posent, alors que l'utilisation de deux ou trois langues seulement permettrait de travailler plus vite, dans la clarté ; la confusion dans la répartition des pouvoirs entre les nations et l'Union, la complication des règles et des procédures. Parfois, l'on entend dire que la Turquie ne doit pas entrer dans l'Union, notamment parce que sa présence rendrait impossible l'Europe politique. Mais, avec ou sans la Turquie, l'Europe à Vingt-sept est condamnée à l'inexistence politique parce que l'on a procédé, élargissement après élargissement, et malgré, à l'époque, mes réserves, à une telle dilatation de l'Union que les règles conçues à l'origine pour six Etats de l'Europe de l'Ouest, demeurées pour l'essentiel les mêmes, sont inopérantes.

Si l'on veut de bonne foi progresser, le *statu quo* est inconcevable. En juin 2007, les dirigeants européens l'ont compris. A la suite du rejet, en 2005, du projet de constitution européenne, ils ont extrait du projet quelques règles institutionnelles nouvelles qui permettent à la volonté européenne d'exister et de se manifester de façon plus claire aux yeux du monde : un président de l'Union au mandat plus long (deux ans et demi au lieu de six mois, et renouvelable), un service des Affaires étrangères organisé, une certaine extension du domaine où les décisions peuvent être prises à la majorité qualifiée et non plus à l'unanimité... Ce traité simplifié permettrait de sauver ce qui peut l'être. C'est bien, mais ce n'est pas assez : pour donner une véritable existence politique à l'Europe, il faudra aller plus loin.

*

* *

Europe des Etats ou Europe des cercles, Europe fédérale ou Europe à géométrie variable : ce ne sont là que des moyens, des formules. Reste le but : sommes-nous décidés à permettre l'émergence d'une volonté européenne ? Là-dessus, l'accord n'est pas fait ; pourtant, c'est l'essentiel. Quels que soient la tradition ancienne des Etats européens, le prestige de leur histoire, leur force matérielle, militaire, économique, aucun d'entre eux ne pèse du même poids que la Russie, les Etats-Unis, la Chine, demain l'Inde, le Brésil. Qui peut contester la nécessité de l'Europe si les nations qui la composent veulent encore compter, non plus seules, mais associées ?

Tant qu'il n'y aura pas une réforme de l'Europe, nulle réforme de l'Alliance atlantique ne sera possible. De celle-ci, qui ne connaît les défauts ? En son sein, l'égalité entre les Etats est un leurre : ils ne pèsent pas tous du même poids, loin s'en faut ; mieux, tous ensemble, leur volonté compte moins que celle des Etats-Unis, d'autant que l'Angleterre, les Pays-Bas et les pays anciennement communistes s'alignent plus volontiers sur la position de Washington que sur toute autre. Comment s'étonner des conséquences de cet état de fait, non seulement pour l'organisation même des forces de l'Alliance, mais aussi dans les missions qui lui sont assignées ?

Inutile de parler d'une répartition différente des responsabilités dans les chaînes de commandement entre les nations participantes, de déplorer que trop d'Etats européens préfèrent se fournir en équipements militaires dans les entreprises américaines plutôt que dans les entreprises européennes (vieille histoire !), de regretter que les Américains agissent seuls, lorsqu'ils l'estiment utile, dans telle ou telle région du monde, tout en utilisant les moyens collectifs de l'Alliance sans toujours lui en référer. Cette situation inégalitaire engendre souvent l'inefficacité, elle entretient un sentiment d'irresponsabilité dans de trop nombreux pays européens. Il n'y sera pas porté remède aussi longtemps que les Etats-Unis n'accepteront pas de parler d'égal à égal avec l'Union. Pour qu'ils l'acceptent, il faut que l'Union existe vraiment, qu'elle soit mieux organisée, plus mobilisée, que ses membres consacrent à la défense les moyens nécessaires, en somme qu'elle ait un comportement plus responsable. Ne considérons que le Proche-Orient : le spectacle que l'Union donne de sa passivité n'est guère fait pour renforcer son prestige. Voilà plus d'un demi-siècle que, sauf quelques exceptions, dont la France est la plus notable, les Etats européens se sont abandonnés à la volonté d'autrui.

*

*   *

Dans sa forme actuelle, l'Union européenne est vouée à décevoir. On peut en améliorer le fonctionnement – le traité simplifié y tend –, mais cette réforme minimale ne remédiera pas à ses défauts fondamentaux. Il n'y a pas d'efficacité concevable dans une Europe fondée sur l'égalité factice et artificielle entre Etats, sur l'uniformité du droit les régissant, sur l'impossibilité de décider à la majorité qualifiée, quand une question vitale pour tous est en jeu, en raison de l'iniquité de la pondération des voix attribuées à chaque Etat. La possibilité pour l'Europe d'exercer un rôle actif en matière politique et militaire supposerait un abandon de souveraineté au profit d'une Union au sein de laquelle vingt-sept pays, tellement différents de taille et de puissance, ont des intérêts hétérogènes, des ambitions parfois contradictoires, des sentiments traditionnellement hostiles les uns aux autres, et ne se sont pas encore mis d'accord sur des procédures et des règles de décision qui soient crédibles et efficaces ; aujourd'hui, c'est inconcevable.

La réalité étant ce qu'elle est, il y a peu de chances que, sans une révolution dans les esprits et dans les volontés, l'Europe soit autre chose qu'un grand marché, avec une union douanière et quelques politiques économiques communes, tandis que certains Etats, essentiellement situés à l'Ouest, décideraient d'aller plus loin dans la coopération entre eux, afin de peser davantage sur les plans militaire et diplomatique. Regardons

les choses en face : la construction européenne telle qu'on la poursuit depuis un
demi-siècle doit être remise en cause, il faut
imaginer autre chose. C'est ce que j'ai appelé
l'« Europe des cercles ».

L'Europe des cercles est née du refus
d'une révolution politique qui aurait vu
toutes les nations accepter de se soumettre
au pouvoir d'un véritable Etat européen
habilité à prendre les décisions majeures.
Puisque tel n'est pas le cas, il faut sortir des
sentiers battus et des formules toutes faites.
Ce que je proposai fut, à l'époque, l'objet de
nombreuses critiques au prétexte que cette
Europe nouvelle, à deux vitesses, instituerait
entre les Etats une fâcheuse inégalité. Mais
n'est-ce pas ce qui existe depuis l'origine,
sans qu'on ait jamais eu le courage de le
reconnaître clairement ? Jamais l'Europe n'a
pu progresser dans l'uniformité : c'est vrai
encore aujourd'hui où tous les membres ne
sont pas associés à l'action commune dans
les domaines monétaire, militaire, de la sécurité. On peut voir dans la politique des « cercles » une fracture de l'Union en plusieurs
catégories d'Etats, mais c'est la seule façon

d'avancer et de permettre aux plus ambitieux, essentiellement ceux de l'Ouest, d'aller de l'avant. Ce que je demande, c'est qu'on prenne acte des faits.

Dans les dix années qui viennent, aucun projet plus ambitieux n'est envisageable. Ce serait la seule manière, pour l'Europe à Vingt-sept, d'avoir des institutions plus efficaces, de jouer un rôle à travers ces coopérations spécialisées où quelques-uns iraient de l'avant, de se renforcer politiquement et économiquement sans chercher à ses faiblesses des boucs émissaires tels que la mondialisation, le libéralisme, les Etats-Unis, l'islamisme ou la Banque centrale européenne. Nous n'aurions à nous en prendre qu'à nous-mêmes de nos difficultés comme de nos timidités réformatrices.

Cette architecture nouvelle, en cercles concentriques, qui remet en cause bien des idées acquises qu'on répète depuis cinquante ans – telles l'unité nécessaire, garantie seulement par l'uniformité, ou l'égalité entre tous les Etats, quelle que soit leur taille –, est la seule voie pour avancer, pour répondre à des besoins de coordination que la mondialisation rend chaque jour plus pressants. Elle est fondée sur l'idée de souplesse et de progressivité. Ce sera une étape ou une fin, selon ce que les Européens décideront.

*

* *

• Le premier cercle, de droit commun, grand marché où tous se retrouveraient, correspondrait à l'Union européenne dans sa totalité, comprenant vingt-sept Etats, un jour davantage, car ses attributions ne feraient pas obstacle à de futurs élargissements ; au sein de cet espace économique unifié, tronc commun de l'Union, la suppression des barrières douanières et l'harmonisation des règles juridiques, fiscales, sociales, permettraient la croissance grâce à une libre concurrence contrôlée par les juges ; comme aujourd'hui, ses membres s'engageraient à respecter des valeurs communes concernant l'état de droit, la démocratie, la solidarité sociale, à mettre en œuvre des politiques communes dans des domaines où chacun serait persuadé de l'intérêt du travail

80

collectif, relatives, entre autres, à la recherche, aux transports, à l'environnement, à l'agriculture.

C'est ce cercle de droit commun qui, réformé une fois que serait adopté le traité simplifié, comporterait une présidence stable de l'Union. Son titulaire la représenterait dans le monde, particulièrement face au président des Etats-Unis, et serait responsable de la gestion des compétences déléguées par les Etats membres ; un véritable service des Affaires étrangères serait créé, les travaux du Conseil des ministres rendus plus transparents, les Parlements nationaux mieux associés à l'élaboration de la règle de droit, la coopération économique des membres de la zone euro organisée de telle sorte que la Banque centrale européenne ait un interlocuteur et ne soit pas rendue injustement seule responsable de l'insuffisance de la coordination économique entre les Etats. Aucune des dispositions du projet de traité simplifié ne serait remise en cause par cette Europe des cercles.

Dans une étape ultérieure, le débat serait ouvert sur la place respective des Etats au sein des institutions, afin qu'il soit mieux tenu compte de leur poids réel et de leur contribution financière. Les pays les plus peuplés disposeraient d'une place plus conforme à leur importance, que ce soit à la Commission, au Parlement ou au Conseil des ministres ; c'est l'unique moyen de faire accepter par eux l'extension de la règle de la majorité qualifiée, dont seule l'application permettra de progresser dans des secteurs aussi essentiels que la fiscalité ou les questions sociales. Tout est lié.

Les rapports entre le Conseil de l'Union et la Commission seraient réexaminés et, afin de dissiper toute confusion, la Commission mise à la disposition du Conseil européen qui, doté d'un président à mandat stable et donc à autorité plus grande, deviendrait le véritable moteur politique de l'action collective. Instituer un président de l'Union en fonction pour deux ans et demi, voire cinq, n'est pas sans conséquence sur la hiérarchie des pouvoirs ; à l'expérience, on verra que le traité simplifié n'apporte pas à l'architecture actuelle une modification mineure.

Faute d'une telle réforme, l'Union européenne, paralysée par le nombre sans cesse croissant de ses membres, la divergence de leurs intérêts, la lourdeur des procédures de décision, ne sera bientôt plus qu'un vaste marché commercial, utile certes, puisque permettant la libre circulation des personnes et des biens, mais insuffisant et de moins en moins en mesure de mener des politiques communes ; le risque de dilution la menacera.

• Au sein de ce cercle de droit commun, un deuxième cercle, celui des coopérations spécialisées, prendrait corps ; il regrouperait les Etats plus ambitieux, déterminés à aller plus vite et plus loin ensemble. De fait, il existe déjà, mais objet de méfiance, considéré comme exceptionnel et voué à disparaître parce que contraire à l'uniformité, celle-ci étant la prétendue garantie de l'égal respect des prérogatives de chaque Etat. Regardons les choses en face : la diversité, pour l'Europe, est la seule manière de progresser, d'éviter la paralysie et les dissentiments.

La tâche des Etats qui éprouveraient la nécessité de coopérer plus étroitement entre eux dans certains domaines particuliers doit être facilitée : ils pourraient se regrouper sans passer par les procédures communautaires, c'est-à-dire par la Commission, le Parlement ou le Conseil des ministres. Ces coopérations rassembleraient des Etats différents selon les domaines concernés ; il ne s'agirait pas de constituer une sorte de « cœur » de l'Union associant toujours les mêmes, toujours en avance sur les autres, mais de permettre à ceux qui le souhaitent d'agir ensemble, selon les cas, dans les domaines de la sécurité, de la défense, de la diplomatie, de la monnaie, de l'environnement, de la recherche... Ces associations, qui consentiraient à leurs membres de larges délégations de souveraineté, ne seraient pas fermées ; leur vocation serait de s'étendre à l'ensemble des membres de l'Union. Elles iraient de l'avant en montrant l'exemple ; le volontariat ne nuirait pas à l'unité.

• Le troisième cercle, lui, serait extérieur à l'Union ; il comprendrait les Etats voisins avec lesquels celle-ci conclurait des contrats de partenariat étroit. Ces contrats, à vocation économique et commerciale pour l'essentiel, devraient tous contenir un socle commun comportant, comme dans le pacte de stabilité dont j'avais pris l'initiative en 1993 afin de permettre l'élargissement de l'Europe aux anciens satellites de l'Union soviétique, des obligations politiques : le respect des droits des minorités, celui des frontières existantes, ainsi que l'adhésion aux principes de la démocratie.

Ces partenariats permettraient d'associer à l'Union des Etats qui s'en veulent proches, mais qui ne sont pas prêts ou désireux de remplir toutes les conditions d'une adhésion, voire qui n'ont pas une vocation européenne incontestable. Ils constitueraient pour certains pays un aboutissement, pour d'autres une étape nécessaire avant leur pleine intégration dans l'Union comme membres de droit commun. Ils concerneraient les pays du sud et de l'est de la Méditerranée.

*

* *

Ainsi rebâtie, l'Union pourrait manifester une volonté plus forte, s'assigner des ambitions plus grandes. Quand elle n'y parviendrait pas, quelques Etats y suppléeraient avant que l'Union tout entière ne prenne leur relève, le moment venu. Deux objectifs prioritaires s'imposent à l'« Europe des cercles » : la recherche et la formation, condition du progrès économique et donc des capacités d'action de l'Union ; la diplomatie et la défense, grâce à une coopération militaire beaucoup plus étroite entre la France, l'Allemagne, la Grande-Bretagne, l'Italie, l'Espagne, qui permettrait de résoudre plus aisément des problèmes tels que la construction d'un porte-avions européen, la lutte contre le terrorisme, la mise en commun des industries militaires.

Alors le but pourrait être atteint : devenir pour les Etats-Unis un partenaire de la même importance, doté de la même cohésion qu'eux, solide, fiable, écouté, sans l'accord duquel aucune action commune ne serait concevable. Faute de quoi l'Union occidentale ne verra pas le jour.

VII

L'Union occidentale renforcera la solidarité nécessaire entre l'Europe et les Etats-Unis

L'Union européenne, une fois réorganisée, pourrait nouer avec les Etats-Unis une coopération plus étroite leur garantissant à tous deux une meilleure sécurité et une plus grande influence.

• Déjà, à mon initiative, des propositions ont été faites il y a quelques années : la nomination d'un coordinateur européen aux relations transatlantiques placé auprès du président de l'Union ; la création par l'Union européenne et les Etats-Unis d'un secrétariat permanent commun qui aurait pour mission de préparer les rencontres qui ont lieu entre ministres ou chefs d'Etat, les réunions des institutions financières multilatérales auxquelles ils participent, ainsi que les négociations menées au sein de l'Organisation mondiale du commerce. L'objectif serait à la fois d'éviter d'afficher des positions divergentes dans les instances internationales et d'étudier les mesures propres à approfondir l'intégration économique entre les deux rives de l'Atlantique.

• D'autres questions essentielles pourraient être débattues afin d'harmoniser leurs points de vue : par exemple, l'acquisition de l'arme nucléaire par les Etats à la stabilité interne fragile et à la foi démocratique douteuse constitue un risque d'autant plus grand qu'elle rend plus vulnérable encore le traité de non-prolifération ; le meilleur partage du fardeau financier représenté par les dépenses militaires pourrait être discuté pour être rendu plus équilibré, l'Europe en prenant une part plus juste qui correspondrait mieux à ses moyens financiers et à ses besoins de sécurité ; dès lors, une répartition plus équitable des commandements et des responsabilités au sein de l'Alliance serait décidée.

• Intentions excellentes permettant de déboucher sur des mesures concrètes, mais trop timides encore. Il faut se montrer plus ambitieux et imaginer la création progressive entre l'Europe et les Etats-Unis d'un grand marché commercial commun, avec l'institution d'une union douanière, l'adoption de règles voisines en matière fiscale, juridique ou de droit de la concurrence. Un champ immense serait ainsi ouvert, de part et d'autre de l'Atlantique, à l'invention d'une société économique et sociale régie autant que faire se peut par les mêmes principes et soumise aux mêmes règles. Qui ne voit qu'alors les discussions au sein du Fonds monétaire international, de l'Organisation mondiale du commerce ou du G8 se dérouleraient dans des conditions meilleures pour des intérêts qui, peu à peu, et même si des différences subsistaient, deviendraient sinon communs, du moins infiniment plus proches ?

• Il est temps de s'attacher sérieusement à mettre fin au flottement désordonné des monnaies qui menace la prospérité du monde, son progrès, et qui, à terme, détruira l'idée même du libéralisme. En 1986, je suis parvenu à faire signer par nos partenaires les accords du Louvre dans lesquels l'Europe, les Etats-Unis et le Japon s'engageaient à maintenir la stabilité monétaire grâce à la coordination de leurs politiques économiques et aux interventions des banques centrales sur le marché des changes. Durant quelques années ces accords ont eu des résultats satisfaisants, puis on les a oubliés et les spéculations monétaires ont repris de plus belle.

Par la suite j'ai, à plusieurs reprises, tenté de convaincre les partenaires de la France de remettre sur le chantier un système monétaire international plus stable ; je n'y ai pas réussi. Tous ont refusé le minimum de discipline qui permettrait aux cours des monnaies de ne pas fluctuer exagérément et de conserver un rapport avec la réalité de l'économie ; ils l'ont rejeté au nom d'une conception débridée et fausse de la liberté, qui n'est pas synonyme de laisser-aller, mais, au contraire, qui suppose que des principes communs soient définis et respectés. On voit aujourd'hui où cet aveuglement nous mène : la circulation anarchique des capitaux, l'instabilité monétaire, la distribution incontrôlée d'un crédit sans rapport avec les besoins réels de l'économie, l'apologie d'un profit à très court terme, que rien ne justifie, engendrent le désordre, l'inquiétude, la crise, aucune autorité commune n'étant en mesure d'imposer quelques règles indispensables et leurs justes sanctions.

Il ne faut pas se décourager, mais reprendre la tâche : grâce à l'heureuse création de l'euro, le franc et le mark ont cessé de fluctuer l'un par rapport à l'autre, et les échanges commerciaux à l'intérieur de l'Union ont été mis à l'abri de la spéculation. Aujourd'hui, c'est des rapports entre l'euro et le dollar qu'il s'agit. Il ne saurait être question de créer une monnaie commune à l'Europe et à l'Amérique ; compte tenu du rôle mondial du dollar, ce serait un mariage par trop inégal. En revanche, une relation proche de celle instituée entre les monnaies européennes par le système monétaire européen pourrait être imaginée entre le dollar et l'euro, les marges de fluctuation orientées et contrôlées par les deux banques centrales, la FED et la BCE, les politiques économiques et budgétaires coordonnées, les politiques monétaires harmonisées. Ambition trop grande ? Je suis persuadé du contraire, tant je crois que le libéralisme ne présente des avantages que s'il est accompagné d'un ordre, d'une règle que chacun doit respecter. Le monde ne connaîtra ni l'équilibre ni une prospérité durable aussi longtemps que la stabilité monétaire ne sera pas garantie. Aujourd'hui, elle ne l'est pas ; pis : la fluctuation des monnaies est justifiée par la conviction que seul le marché fonctionnant librement permet d'engendrer une prospérité stable et durable. Il est temps de se défaire de ces idées toutes faites.

• S'agissant de politique étrangère, cette Union nouvelle entre l'Europe et les Etats-Unis prévoirait que chacun s'obligerait à ne pas prendre d'initiative importante sans s'être concerté avec son partenaire, ce qui éviterait par exemple les polémiques et les malentendus auxquels a donné lieu l'intention des Américains d'installer un bouclier antimissile à l'est de l'Europe. Allant plus loin, les deux partenaires se fixeraient des objectifs nouveaux dans leur relation avec le reste du monde, tels un souci plus marqué du respect des droits de l'homme, une volonté affichée de protéger l'environnement, une action crédible pour aider au développement des peuples pauvres.

• Quant aux problèmes militaires, l'émergence d'une Union occidentale entre l'Europe et les Etats-Unis permettrait, comme il a été dit, les réticences américaines n'étant plus justifiables, de rééquilibrer le fonctionnement de l'Alliance afin d'y mieux répartir les responsabilités. On n'évitera pas non plus de clarifier et d'adapter le concept stratégique qui inspire l'Alliance en précisant quelle peut être, dans le monde d'aujourd'hui, la mission de défense et de sécurité qui jadis justifia sa création, les conditions de son intervention hors de son champ géographique traditionnel, qui va croissant, les règles permettant à ses membres d'intervenir dans telle ou telle région du monde sans l'accord de leurs alliés, mais en utilisant les moyens de l'Alliance.

C'est d'autant plus nécessaire que les Etats-Unis et l'Europe doivent agir de conserve, comme en Afrique pour éviter que ce continent ne sombre dans la pauvreté, la surpopulation, les guerres tribales, les tyrannies, comme au Proche-Orient aussi où se jouent pour une bonne part la prospérité de l'Occident, sa sécurité, voire son destin.

Nul ne pourrait le contester : s'agissant de l'approvisionnement en énergie, de l'environnement, de la lutte contre le terrorisme, leur solidarité doit être sans faille s'ils veulent utiliser au mieux les atouts qu'ils tiennent encore entre leurs mains en raison de leur force actuelle et de l'influence politique qu'ils conservent.

*
*　*

Le plus grave des problèmes qui se posent à eux est le problème nucléaire sous différents aspects. L'harmonisation de leurs réflexions et le rapprochement de leurs politiques en ce domaine sont indispensables. Il s'agit d'éviter de créer des tensions et de s'exposer à des risques de riposte en prenant des initiatives brutales et mal comprises. La création par les Américains d'un bouclier antimissile en Europe de l'Est est du nombre. Même si l'Alliance a fini par s'y résigner, ce ne fut pas sans mal, et l'affaire laissera des traces. D'ailleurs, elle n'est pas vraiment réglée.

• La France, quant à elle, sera conduite à s'interroger sur les conditions dans lesquelles elle ferait usage de l'arme nucléaire dont, à bon droit, elle s'est dotée depuis un demi-siècle ; elles ne sont plus les mêmes.

Le concept de la dissuasion du faible au fort a-t-il la même signification qu'hier, compte tenu de la capacité destructrice croissante des armes, et de la taille moyenne d'un pays tel que la France ? Quelques frappes pourraient la détruire totalement, faire disparaître sa population, sa culture, ses paysages, sa vie même, la rayer de la carte du monde, tandis que, étant donné leur surface, des pays aux très vastes dimensions, comme la Chine, la Russie ou les Etats-Unis pourraient subir des destructions équivalant à celles qui lui seraient infligées sans pour autant être annihilés à jamais ni disparaître de la scène. La dissuasion du faible au fort est-elle crédible si le faible est tellement plus vulnérable que le fort, court des risques tellement plus graves en cas de riposte, dès lors qu'elle opposerait des pays de dimensions si différentes, dont l'affrontement nucléaire ne présenterait pas les mêmes dangers pour les uns et les autres ? Ici l'on est réduit aux conjectures. Le risque plus grand encouru par les pays de taille moyenne les dissuaderait-il nécessairement d'utiliser l'arme nucléaire comme une solution de désespoir ? Qui affirmerait que s'il en avait disposé, Hitler, terré dans Berlin en ruine, n'y aurait pas recouru en avril 1945 ?

En conséquence, on pourrait être tenté de remettre en cause la doctrine traditionnelle de l'utilisation de l'arme nucléaire tactique de moindre puissance uniquement comme ultime avertissement avant le recours à l'arme nucléaire stratégique, et dans ce cas-là seulement. Les effets de cette arme étant moins redoutables, elle serait employée comme une arme de champ de bataille, son usage banalisé, la distinction entre arme conventionnelle et arme nucléaire confondue sur le plan de leur utilisation. Tous les repères de la pensée militaire en seraient bouleversés. Voilà qui mérite une réflexion nouvelle, libérée des préjugés traditionnels. On ne gagne rien à occulter les problèmes, à répéter sans fin les mêmes théorèmes.

• Il y a plus : l'Europe n'aura de véritable existence que le jour où elle assurera elle-même sa sécurité et sera protégée contre le risque nucléaire non seulement par les Etats-Unis, mais aussi par ses moyens propres. Seule la France peut lui offrir cette garantie puisque, par rapport aux Etats-Unis, la force anglaise n'a pas l'autonomie suffisante. Est-elle prête à mettre la sienne à la disposition d'un pouvoir européen qui ne pourrait guère être qu'un pouvoir fédéral doté d'une capacité de décision immédiate aux mains d'un responsable unique ? Inutile d'y songer avant plusieurs dizaines d'années. Est-elle disposée à s'engager à protéger tous les membres de l'Union, à leur offrir en cas de nécessité la garantie du recours à son arme nucléaire ? Ce serait une décision majeure qui comporterait des dangers immenses pour la France si elle était entraînée dans des conflits où elle n'aurait que faire, engagés loin de son territoire et hors de son contrôle ; le plus vraisemblable, peut-être le plus souhaitable est qu'aujourd'hui on en reste là, et que la France s'en tienne au respect du principe de la souveraineté des Etats, à commencer par la sienne. Cela n'interdit à personne de réfléchir à l'avenir. Aucun Etat doté de l'arme nucléaire ne pourra se dispenser d'une telle réflexion.

• Mais il s'agit aussi, problème ô combien difficile, que personne ne veut regarder en face, de s'interroger sur l'avenir du traité de non-prolifération nucléaire. La diffusion des connaissances scientifiques et des techniques le rendra-t-elle encore longtemps efficace ?

La prolifération nucléaire est-elle inévitable, en raison à la fois des progrès techniques qui raccourcissent les délais de passage du nucléaire civil au nucléaire militaire, et de la difficulté pour la communauté internationale d'infliger aux pays qui souhaitent y accéder des sanctions durablement efficaces, dès lors qu'il s'agit de nations qui, pour des raisons à la fois démographiques, géographiques, économiques, bénéficient du soutien moral et politique de centaines de millions d'hommes ? Dès lors, le traité de non-prolifération, violé déjà à plusieurs reprises par certains Etats qui l'ont signé, tandis que d'autres, qui n'y ont pas adhéré, s'affranchissent de ses interdictions avec la complaisance tacite de la communauté internationale, risque de devenir caduc.

Comment faire face à cette situation nouvelle où les menaces, les pressions, les sanctions se révèlent d'une efficacité douteuse ? Où les grandes puissances donnent le sentiment de ne pas traiter avec la même sévérité tous les Etats qui n'appliquent pas le traité, et finissent par en prendre acte, comme les Etats-Unis avec l'Inde ? Qui jugera de la gravité du danger présenté par tel ou tel d'entre eux ? Comment réagir face à une prolifération nucléaire qui gagnerait non seulement les Etats, mais également les organisations criminelles qui bénéficieraient d'une plus grande facilité d'accès au savoir et de la diffusion des techniques organisée par des Etats en rupture avec la communauté internationale ?

Déjà, pour parer au danger, l'on envisage la construction de boucliers qui, pour être efficaces, doivent être installés avec l'accord de plusieurs pays et dirigés vers tous les horizons ; de tels boucliers ne pourraient, pour l'Occident, être conçus et utilisés qu'à l'échelle de l'Alliance atlantique elle-même. Peut-on aller plus loin, proposer une renonciation générale à l'arme nucléaire, ce que ses détenteurs actuels ne sont pas prêts à accepter, et qui déséquilibrerait le rapport des forces militaires dans le monde, tandis que les organisations criminelles, elles, ne renonceraient à rien ? Faut-il envisager l'institution de règles internationales contraignantes dont l'objet serait de figer la situation actuelle et dont le respect serait assuré sur simple constat de leur violation par le Conseil de sécurité des Nations unies ? Nombreux sont les Etats qui seraient hostiles à cette innovation fondamentale du droit international, qu'ils ressentiraient comme consacrant une situation injuste au profit de quelques-uns, et instituant un véritable pouvoir exécutif mondial pour la consolider. Mais, sans elle, on aura de plus en plus de mal en endiguer la dissémination nucléaire.

*
*   *

Pour faire face à d'aussi graves questions et tenter d'y apporter des réponses, la concertation organisée et améliorée entre Européens et Américains ne suffira pas, l'approfondissement de l'Alliance militaire non plus. Les choses doivent être dites au grand jour. Une plus vaste ambition nécessite une organisation nouvelle. Il faut se montrer plus hardi et bâtir – les mots ont un sens – une véritable Union occidentale entre les deux rives de l'océan. La France fait partie de l'Union européenne ; elle s'attache à la création d'une Union méditerranéenne ; les intérêts de l'Europe vont au-delà : l'Union occidentale compléterait la construction d'un nouveau système de progrès et de sécurité au profit des Européens aussi bien que des Américains.

Un Conseil exécutif de l'Union occidentale réunirait tous les trois mois les dirigeants. Quels seraient-ils ? Pour les Etats-Unis, c'est simple : le président assisté des ministres de son choix. Pour l'Union, c'est moins clair : le président de l'Union, à coup sûr, pour les questions d'ordre général, agissant sur mandat du Conseil européen et assisté de personnalités désignées par celui-ci. Mais lorsqu'il s'agirait de discuter des questions qui ne concernent pas la totalité des membres de l'Union, telles la monnaie ou la défense, on peut imaginer que celle-ci soit représentée par le président de l'Union assisté du président du groupe d'Etats liés par une coopération spécialisée, le président de l'Eurogroupe, par exemple, quand seraient évoqués les problèmes monétaires. Mieux vaudrait ne pas s'enfermer dans des formules rigides afin de pouvoir s'adapter en fonction de l'expérience.

Ce Conseil exécutif aurait-il pour seule mission d'organiser la confrontation des points de vue, d'harmoniser les positions des uns et des autres, et, fait nouveau, de le faire à échéances régulières ? Faudrait-il le doter, à l'instar du Conseil européen, de véritables pouvoirs de décision, sous quelle forme, à quelle majorité, avec quelles sanctions ? Il est trop tôt pour répondre à de pareilles questions sans courir le risque d'être chimérique. Qu'un organisme restreint soit créé, qu'il se réunisse fréquemment, que ni les Européens ni les Américains ne puissent rien décider sur les problèmes d'intérêt commun sans en avoir préalablement parlé ensemble, serait déjà un immense progrès. Si la tentative était couronnée de succès, alors l'Union occidentale pourrait aller plus loin. Mais, à parler franc, je n'en vois pas aujourd'hui la possibilité.

L'ambition d'organiser un ensemble atlantique cohérent et efficace demeurera un rêve si Européens et Américains, dont l'intérêt commun est de mettre fin à leurs querelles, ne s'en donnent pas les moyens juridiques en créant une Union occidentale. Cet ensemble-là aussi aurait besoin d'institutions solides. C'est la tâche de la prochaine génération.

VIII

L'Occident a-t-il le choix
d'une autre politique ?

Nul n'est en mesure de définir un choix différent qui soit réaliste ; mais beaucoup récusent le principe même d'une association plus étroite entre l'Europe et les Etats-Unis au nom de la sauvegarde d'une indépendance de plus en plus fragile, sans voir que refuser cette association c'est, pour l'un et l'autre, obscurcir l'avenir.

L'ambition proposée est immense : que chacun accepte qu'une époque de l'Histoire a pris fin, renonce à exercer seul des compétences qu'il est désormais impuissant à assumer, afin de bénéficier d'une force qui sera plus grande si elle est collective, n'ira pas sans mal. Si la construction de l'Union européenne est présentée comme une entreprise sans précédent, celle de l'Occident lui-même, de part et d'autre de l'Atlantique, serait digne des mêmes louanges. C'est le grand dessein du demi-siècle à venir. Le moment est venu de le mettre en œuvre. Sa réalisation suscitera d'innombrables difficultés, les plus importantes venant des nations occidentales elles-mêmes dont les rivalités passées, le conformisme, l'absence d'imagination nourrissent encore la politique. Mais il n'y a pas d'alternative, personne n'en propose aucune, sinon un *statu quo* d'où sortira un lent et constant affaiblissement conduisant à la décadence, tandis que de nouvelles puissances émergeront de par le monde.

Cette Union occidentale suppose, pour être mieux équilibrée, que les partenaires soient de force comparable de part et d'autre de l'Atlantique. Une révolution dans les esprits est nécessaire, aussi bien en Europe qu'aux Etats-Unis. Chacun doit cesser de nourrir dans son esprit des nostalgies et des incohérences.

Les Européens veulent conserver leurs distances avec les Etats-Unis, ils appréhendent d'être associés à eux trop étroitement, ils redoutent de se voir maintenus par eux dans une tutelle prolongée, sans se résoudre à s'unir vraiment, seul moyen de faire jeu égal avec eux et de n'avoir rien à craindre pour leur indépendance.

Quant aux Américains, ils aimeraient bien maintenir le *statu quo*. Certes, ils savent qu'après l'effondrement soviétique le temps de leur domination exclusive sur le monde est passé, que ce dernier est entré dans une autre époque de la puissance ; comme l'écrit Brent Scowcroft, leurs bateaux, leurs avions, leurs blindés, leurs satellites, leurs missiles ne servent pas à grand-chose face à des organisations terroristes. Mais sans leadership américain, pensent-ils, on ne peut réussir grand-chose ; il est donc encore indispensable. C'est vrai aujourd'hui, mais bientôt ne le sera plus. Avant vingt ans, en effet, quels changements dans les rapports de puissance !

Pour les uns et les autres, le temps presse. Les Etats-Unis doivent se convaincre qu'ils réussiront mieux à maintenir l'équilibre du monde s'ils sont associés plus étroitement à une Europe enfin organisée. Ils devront rompre avec leur tendance à décider seuls, que le rôle qu'ils ont joué dans la défense de la liberté au XXe siècle explique sans la justifier ; admettre que l'isolement les affaiblit eux aussi, que l'heure n'est plus aux solutions de force dont personne ne voit la justification, comme l'aventure irakienne le démontre. La montée en puissance de l'Asie les contraindra à composer ; ils seront plus puissants s'ils ne sont plus seuls, mais fortement liés à d'autres, dût leur liberté de mouvement en souffrir. Quant aux nations européennes, elles doivent, sans rien abandonner d'elles-mêmes, ouvrir les yeux, s'associer plus étroitement les unes aux autres, seul moyen de parler d'égal à égal avec les Etats-Unis. Un double effort leur est demandé : organiser entre elles une Union véritable, et que cette Union nouvelle forge avec les Etats-Unis des liens étroits.

*

* *

108

Nul risque de relancer ainsi le « choc des civilisations ». Ce n'est pas l'affaissement de l'Occident qui l'alimenterait, tout au contraire. Le dialogue pacifique entre les civilisations suppose qu'elles se parlent d'égale à égale, qu'elles se comprennent mieux, qu'elles prennent conscience de leurs intérêts communs, qu'au-delà des différences que chacune veut préserver elles se respectent les unes les autres dans leurs principes et leur originalité. Une fois organisé, c'est-à-dire rééquilibré, l'Occident, plus conscient de ses limites, moins imbu de sa supériorité, ayant renoncé à imposer sa domination comme remède au sentiment de vulnérabilité qui désormais l'habite, sera regardé avec d'autres yeux par les peuples du monde.

Le monde, justement, il s'agit de le prendre tel qu'il est, dans sa diversité, dans son bouillonnement, dans l'extraordinaire volonté de progrès qui désormais anime la plus grande partie de l'humanité, trop longtemps laissée aux marges de l'Histoire. En ces temps nouveaux, d'autres civilisations se révèlent, mais l'Occident aussi existe, c'est lui aussi une réalité, une composante de l'humanité, longtemps la plus éclairée, la plus dynamique. Affirmer que l'Occident existe, vouloir le faire survivre dans un monde où par rapport aux autres il représentera moins de richesse et moins de force, suppose que les peuples européens et américains ne se dispersent pas dans toutes les contradictions du passé, n'entretiennent pas des rivalités qui n'ont plus de sens, cessent de cultiver leurs ressentiments mutuels, mais plutôt ce qu'ils ont en commun.

La vigueur du sentiment national s'y oppose-t-elle ? Le temps passant, la vérité apparaîtra au-delà des polémiques passéistes. Pour l'Europe, il ne s'agit pas de créer un super-Etat qui nierait la permanence des nations. L'Union européenne demeurera riche de la diversité des cultures des pays qui la composent, de leurs langues, de leurs sensibilités morales, religieuses, artistiques, de leurs traditions. Chacun conservera son originalité et aura les moyens de la préserver mieux. Seuls les timides et les faibles sont obsédés par le risque de l'uniformité ; la mondialisation développe les relations, accroît les ressemblances entre les modes de vie, voire les modes de pensée des peuples, mais sans toucher à l'essentiel : leur âme. Les Chinois ne sont pas près de ressembler aux Américains, les Russes aux Anglais, les Français aux Japonais !

Autre objection : l'Europe et les Etats-Unis n'ont dans le monde ni les mêmes intérêts, ni les mêmes ambitions, ni les mêmes vues, ni les mêmes politiques vis-à-vis de tous les peuples, il ne faut pas les enfermer dans un dialogue exclusif de tout autre. Certes, mais est-ce une raison pour que leur volonté d'action commune en soit atteinte ? Il ne serait pas question, pour l'Europe, d'être entraînée par les Etats-Unis dans une politique contraire à ses vœux envers la Chine, le Japon, Taïwan, la Corée du Nord ou l'Asie centrale. Ses positions sont parfois différentes de celles des Américains ; tenter de les harmoniser, être obligée de chercher à y parvenir, ne l'entraînerait à aucune complaisance, ni à favoriser des intérêts qui lui seraient contraires. Parallèlement, s'agirait-il que l'Union européenne s'interdise une action propre en Afrique, au Proche-Orient ou en Europe orientale, si elle en était un jour capable, qu'elle subordonne ses positions à celles qui auraient les préférences des Etats-Unis ? Pas davantage. Qu'elle néglige la présence et la force retrouvée de la Russie sur le continent, qui l'obligent à certaines précautions dans toute la mesure où les principes moraux auxquels elle est attachée l'y autorisent ? Non plus.

Chacun des deux partenaires a ses attachements qu'il entend conserver, et ferait partie de plusieurs organisations : l'Amérique, de l'Union occidentale, de l'Alliance atlantique, du pacte de sécurité et d'assistance qui la lie à plusieurs nations d'Asie, du grand marché commercial de l'Amérique du Nord qu'elle entend bien étendre au sud du continent ; l'Europe, de l'Union occidentale aussi, de l'Union européenne, de l'Union méditerranéenne si elle voit le jour, sans compter les partenariats étroits qu'elle nouerait avec la Russie, alliée séculaire de la France, avec la Turquie, avec l'Afrique, avec d'autres. Chacun aurait à hiérarchiser ses choix, à les rendre compatibles les uns avec les autres. La tâche serait-elle tellement plus rude qu'aujourd'hui où l'improvisation due à l'inorganisation conduit aux malentendus et au désordre, et entraîne de grands dommages ? Cette pluralité d'appartenances à des organisations différentes serait-elle trop compliquée à gérer, pour les Etats-Unis comme pour l'Union européenne ? Mais la situation actuelle, avec l'enchevêtrement des structures et le désordre qui en résulte, est-elle plus simple, plus efficace ? Certes non.

L'association plus étroite entre l'Europe et les Etats-Unis ne les conduirait pas toujours à des politiques identiques dans toutes les régions du globe, mais à tout le moins en auraient-ils discuté préalablement afin de mieux se comprendre et peut-être de s'accorder. Le fait que l'Europe ne soit pas tournée uniquement vers l'Atlantique, mais aussi vers l'Afrique et vers l'Est européen, en particulier la Russie, que les Etats-Unis ne soient pas concernés uniquement par ce qui se passe en Europe, mais aussi en Amérique latine ou autour de l'océan Pacifique qui tient une place de plus en plus grande dans leurs préoccupations, dans leurs craintes, ne fait pas obstacle au rapprochement entre Européens et Américains. Tout au contraire : grâce à l'autre, chacun aurait une vue plus juste de l'état du monde, de l'action la plus pertinente à y mener, bien des équivoques seraient dissipées, des incompréhensions clarifiées, des rivalités évitées.

*

* *

Pour l'Occident, s'organiser mieux ne signifiera pas s'enfermer dans une attitude simplement défensive. Sa mission n'est pas de rejeter, mais, au contraire, d'adresser au monde un message de solidarité, de concorde, de l'appeler à prendre conscience des dangers de violence et de désordre que constituent le terrorisme, les risques climatiques, la dissémination nucléaire, la pauvreté, risques qui menacent tous les peuples, quelles que soient leur religion, leur culture, leur race, leur histoire, et à agir ensemble pour les affronter.

Ainsi l'Occident renouera avec sa mission séculaire, celle que les drames du XXe siècle lui ont fait perdre de vue : proposer au monde une conception commune qui l'unisse, un universalisme sans uniformité, respectueux de la personnalité de chacun, au lieu du conflit entre des civilisations hostiles. Le meilleur de l'héritage occidental, c'est la vision d'un genre humain où l'égale dignité de tous est reconnue, où est assuré le respect de la liberté des hommes et des nations, de leur diversité ; c'est un idéalisme, le règne de la tolérance et de la raison, non celui des passions meurtrières. Sans se lasser, il devra prêcher d'exemple en faisant preuve de fermeté dans la défense des valeurs démocratiques.

Alors l'Occident retrouvera un rôle à la mesure de celui qu'il joua durant quatre siècles lorsque, par la réforme intellectuelle et la révolution économique, il diffusa de par le monde une civilisation matérielle qui, aujourd'hui, n'a plus guère de rivale, et tenta de faire admettre des principes de vie collective fondés sur la liberté, mais en assujettissant les peuples à une domination politique qu'il estimait justifiée par sa prééminence. Contradiction dont, par l'hostilité qu'a suscitée envers lui son action passée, il supporte aujourd'hui les conséquences. Il lui faut maintenant démontrer que son messianisme n'était pas qu'hypocrisie. C'est d'un message spirituel que le monde a besoin, au-delà de ses différences et de ses affrontements ; l'Occident, s'il sait faire preuve de tolérance, de désintéressement, d'idéalisme, d'intelligence, peut, sans rien perdre de son influence matérielle, retrouver une mission à la mesure de son histoire. A condition de convaincre de sa sincérité. Il y faudra des actes.

Il y parviendra si l'Europe, après les deux guerres civiles qui l'ont déchirée et mise à terre au XXᵉ siècle, accepte, pour vraiment exister, de faire taire ses dissensions internes, de construire sa paix, son influence et sa prospérité, en adoptant des institutions qui le lui permettent ; si les Etats-Unis acceptent, eux, de ne pas prétendre décider seuls, comme ils s'y sont si souvent employés, s'ils comprennent qu'il existe d'autres voies que l'isolationnisme ou l'impérialisme entre lesquels ils ont toujours balancé. Alors pourra se tisser une Union occidentale véritable. Pour tous, ce sera une révolution créatrice d'avenir. Est-ce là une ambition trop grande ? Il n'y en a pas d'autre qui puisse faire échapper l'Occident au déclin qui le menace. Seule son union lui permettra de s'affirmer, dans le siècle qui commence, face aux puissances qui émergent.

Le plus important, c'est le but que l'Occident s'assignera : proposer au monde un message avant tout moral et politique, fondé sur l'adhésion générale à des valeurs communes respectées de tous. Ce n'est pas une mission chimérique ; elle seule permettra à l'Occident de retrouver l'image avec laquelle il prétendit jadis se présenter au monde, en quelque sorte un retour aux sources, mais à des sources épurées des scories de l'Histoire.

*
* *

A la France de prendre l'initiative de cette Union occidentale entre ses partenaires européens et les Etats-Unis. Elle ne doit pas redouter de voir ainsi réduire son rôle au cadre européen, tout au contraire ! Elle conservera, comme la Grande-Bretagne avec le Commonwealth, une action utile dans les pays francophones ; si elle sait se réformer, elle détiendra une puissance économique, financière et commerciale qui lui sera propre ; compte tenu de ses traditions et de ses positions, elle préservera son influence au Proche-Orient comme en Afrique ; conformément à la mission qu'elle s'est assignée, elle demeurera l'un des défenseurs des grands principes moraux qui permettent le maintien de la paix entre les nations et l'équilibre du monde.

L'Union occidentale conduirait-elle à asservir la France aux positions américaines ? Il ne serait que temps de cesser de cultiver les fantasmes aussi bien anti-européens qu'anti-américains, entretenus au nom d'une idée fausse de la nation : plus l'Europe sera forte, plus la France sera forte ; plus l'Europe sera forte, plus elle sera en mesure d'éviter le « choc des civilisations » et, parce que mieux associée à l'Amérique, d'influencer celle-ci au service de la paix. Est-on sûr que ne vienne pas bientôt le moment où les Américains eux-mêmes s'en rendront compte ?

Pour être crédible, pour obtenir qu'à tout le moins ses propositions soient examinées, la France devra rompre avec une arrogance pseudo-lyrique et réellement outrée qui, l'expérience passée le prouve, ne lui a pas valu le succès ; s'éloigner aussi, sans pour autant se plier aux injonctions de quiconque ni calquer ses décisions sur celles d'autrui, d'une attitude anti-américaine systématique qui l'a isolée en lui ôtant tout crédit auprès de ses partenaires ; accepter que l'Europe se constitue en acteur politique véritable, doté d'une volonté et s'en donnant les moyens.

Il ne s'agit plus pour elle d'imaginer l'Europe, au sein de laquelle elle joua longtemps un rôle dirigeant, comme un démultiplicateur de sa propre puissance, mais d'avoir une ambition pour l'Europe elle-même. A elle de prendre des initiatives courageuses, comme elle le fit il y a un demi-siècle lorsqu'elle proposa la création de la Communauté. Alors il fallait de la témérité et de l'imagination pour envisager la réconciliation entre la France et l'Allemagne. Il en faut aujourd'hui pour rompre avec des réflexes psychologiques et des habitudes qui sclérosent l'esprit, et proposer à l'Europe et aux Etats-Unis cette politique nouvelle. En le faisant, la France ne courra aucun danger, elle ne sera pas, elle, suspectée de favoriser la guerre des civilisations. Au contraire, elle demeurera fidèle aux plus nobles des convictions qui font la grandeur de son histoire. Elle y gagnera un surcroît de prestige.

Prenons conscience que nous entrons dans un monde nouveau, et que la seule manière de sauvegarder notre idée de l'homme et de la société internationale est de conjuguer imagination, générosité et réalisme !

Table

*Photocomposition Nord Compo
Villeneuve d'Ascq*